Tucholsky Wagner Zola Scott Fonatne Sydow Freud Schlegel
Turgenev Wallace
Twain Walther von der Vogelweide Fouqué Friedrich II. von Preußen
Weber Freiligrath Frey
Fechner Weiße Rose von Fallersleben Kant Ernst Frommel
Fichte Richthofen
Engels Fielding Hölderlin
Fehrs Faber Flaubert Eichendorff Tacitus Dumas
Maximilian I. von Habsburg Fock Eliasberg Ebner Eschenbach
Feuerbach Eliot Zweig
Ewald Vergil
Goethe London
Mendelssohn Balzac Shakespeare Dostojewski Ganghofer
Trackl Lichtenberg Rathenau Doyle Gjellerup
Stevenson Hambruch
Mommsen Tolstoi Lenz Droste-Hülshoff
Thoma Hanrieder
Dach Verne von Arnim Hägele Hauff Humboldt
Karrillon Reuter Rousseau Hagen Hauptmann Gautier
Garschin Defoe Baudelaire
Damaschke Hebbel
Descartes
Wolfram von Eschenbach Hegel Kussmaul Herder
Darwin Schopenhauer Rilke George
Bronner Melville Grimm Jerome
Campe Horváth Aristoteles Bebel Proust
Bismarck Vigny Barlach Voltaire Federer Herodot
Gengenbach Heine
Storm Casanova Tersteegen Gilm Grillparzer Georgy
Chamberlain Lessing Langbein Gryphius
Brentano Lafontaine
Strachwitz Claudius Schiller Kralik Iffland Sokrates
Katharina II. von Rußland Bellamy Schilling Raabe Gibbon Tschechow
Gerstäcker
Löns Hesse Hoffmann Gogol Wilde Vulpius
Luther Heym Hofmannsthal Klee Hölty Morgenstern Gleim
Roth Heyse Klopstock Kleist Goedicke
Luxemburg Puschkin Homer Mörike
Machiavelli La Roche Horaz Musil
Navarra Aurel Musset Kierkegaard Kraft Kraus
Nestroy Marie de France Lamprecht Kind Kirchhoff Hugo Moltke
Laotse Ipsen Liebknecht
Nietzsche Nansen Ringelnatz
Marx Lassalle Gorki Klett
von Ossietzky May vom Stein Lawrence Leibniz Irving
Petalozzi Knigge
Platon Pückler Michelangelo Kock Kafka
Sachs Poe Liebermann Korolenko
de Sade Praetorius Mistral Zetkin

Der Verlag tredition aus Hamburg veröffentlicht in der Reihe **TREDITION CLASSICS** Werke aus mehr als zwei Jahrtausenden. Diese waren zu einem Großteil vergriffen oder nur noch antiquarisch erhältlich.

Symbolfigur für **TREDITION CLASSICS** ist Johannes Gutenberg (1400 — 1468), der Erfinder des Buchdrucks mit Metalllettern und der Druckerpresse.

Mit der Buchreihe **TREDITION CLASSICS** verfolgt tredition das Ziel, tausende Klassiker der Weltliteratur verschiedener Sprachen wieder als gedruckte Bücher aufzulegen – und das weltweit!

Die Buchreihe dient zur Bewahrung der Literatur und Förderung der Kultur. Sie trägt so dazu bei, dass viele tausend Werke nicht in Vergessenheit geraten.

Idris und Zenide

Ein romantisches Gedicht.

Christoph Martin Wieland

Impressum

Autor: Christoph Martin Wieland
Umschlagkonzept: toepferschumann, Berlin

Verlag: tredition GmbH, Hamburg
ISBN: 978-3-8424-9442-8
Printed in Germany

Rechtlicher Hinweis:
Alle Werke sind nach unserem besten Wissen gemeinfrei und unterliegen damit nicht mehr dem Urheberrecht.

Ziel der TREDITION CLASSICS ist es, tausende deutsch- und fremdsprachige Klassiker wieder in Buchform verfügbar zu machen. Die Werke wurden eingescannt und digitalisiert. Dadurch können etwaige Fehler nicht komplett ausgeschlossen werden. Unsere Kooperationspartner und wir von tredition versuchen, die Werke bestmöglich zu bearbeiten. Sollten Sie trotzdem einen Fehler finden, bitten wir diesen zu entschuldigen. Die Rechtschreibung der Originalausgabe wurde unverändert übernommen. Daher können sich hinsichtlich der Schreibweise Widersprüche zu der heutigen Rechtschreibung ergeben.

Christoph Martin Wieland

Idris und Zenide

Ein romantisches Gedicht.

Fünf Gesänge 1767.

An Herrn P. R. in E.

Hier haben Sie dann, mein Freund, diesen Idris, für welchen Sie, aus einigen Probestücken, ein so günstiges Vorurtheil gefaßt haben. So wenig ich sonst für die Spiele meiner launischen Muse partheyisch bin; (Ihre Kunstrichter wissen, daß dieses kein bloßes Vorgeben ist) so gestehe ich Ihnen doch, unter uns, daß es mich eine kleine Überwindung kosten würde, wenn Ihnen das Ganze (wenn man anders diese fünf Gesänge ein Ganzes heißen kann) weniger gefallen würde, als was Sie davon schon gesehen haben. Indessen bleibt es dabey: Ihr und Herrn W** Urtheil soll entscheiden, ob Idris, so wie er ist, sich unter die Augen der Kenner wagen dürfe.

Sollte, wie mir eine geheime Ahnung sagt, Ihr Urtheil mehr meinen Wünschen, als vielleicht den Verdiensten meines irrenden Ritters entsprechen, so werden Sie mir, weil ich doch am meisten dabey Gefahr laufe, erlauben, meinen übrigen Freunden, oder wem dieses Gedicht sonst in die Hände fallen mag, vorher einige kleine Nachrichten zu geben, wodurch sie bewogen werden mögen, es mit einiger Nachsicht anzusehen.

Von den Kunstrichtern oder Journalisten (denn ich sehe, daß diese zween Namen bey unsern Landsleuten einerley Bedeutung haben) erwarte und erbitte ich keine Gelindigkeit. Ich habe mir bereits die Freyheit genommen, mich dieser Herren wegen in der neunten und zehnten Stanze des ersten Gesangs zu erklären. Alles, was ich noch hinzu sagen könnte, würde zu viel seyn. Ich bin, wie Sie wissen, seit einiger Zeit noch so ganz leidlich davon gekommen; und das ist alles, was ein Autor verlangen kann, der sich niemalen hat einfallen lassen, bey lebendigem Leibe schon zu einem classischen Schriftsteller erhoben zu werden. Ein Autor, sage ich? – Aber ist es denn so ausgemacht, daß ich in diese Classe gehöre, weil ich das Unglück oder die Schwachheit gehabt habe, von einigen meiner Aufsätze gedruckte Copeyen machen zu lassen? Folgt es so richtig daraus, daß ich deßwegen Prätensionen an die Welt mache, oder daß sie einige an mich zu machen hat? – Alles, mein Freund, was ich Ihnen hierüber sagen kann, ist, daß ich mich in diesem Stücke mit Priorn, einem meiner Lieblinge, in einerley Falle befinde. Ich kann, wie er, mit Wahrheit sagen, daß ich meine Gedichte publicire, wie Herr Jourdain beym Moliere seine Seidenzeuge verkaufte; er wollte für keinen Krämer angesehen seyn; er ließ nur einige Stücke für seine gute Freunde ausmessen. Ich sehe eben nicht, warum ich als Poet von Profession behandelt werden sollte, weil ich, in der That, von meiner Kindheit an, wider Willen und Dank meiner Obern, gerne Reime gehascht, und endlich auch, die Musen mögen wissen auf wessen Antrieb, Reime, und, mit Erröthen gesteh ich es, auch Hexameter habe drucken lassen. Die Wahrheit ist, daß ich, ungeachtet der Aehnlichkeit, welche mir eine eben so frühzeitige als heftige Leidenschaft für die Dichtkunst mit dem Ovid, Tasso, Pope, und andern großen Dichtern (worunter ich beynahe auch den Marino genennet hätte) zu weißagen schien, dennoch durch einen bloßen Zufall veranlaßt worden bin, einer so gefährlichen Neigung mehr nachzuhängen, als ich gethan hätte, wenn man im sechszehnten Jahre fähig wäre, zu denken, wie man zwanzig Jahre später gedacht zu haben wünschet. Zu gutem Glücke war die bis zum Lächerlichen übertriebene Strenge, womit gewisse damalige, zum Theil eben so jugendliche Kunstrichter die unreifen Ausgeburten eines jungen Menschen, der seinem Gefühl und seiner Einbildungskraft noch nicht gebieten konnte, zu beurtheilen würdigten, die schlimmste Folge meines damaligen Irrthums. Schlimmer hätte der allzupartheyische Beyfall einiger Freunde, und einer gewissen Art von Lesern, welche einen beträchtlichen Theil des Publici ausmacht, nach sich ziehen können. Allein, daß ich dieser Gefahr glücklich entgangen sey, beweisen die Urtheile, die ich selbst über meine jugendlichen Poesien, in der neuen Auflage, so im Jahr 1762. zu Zürich davon gemacht wurde, gefället habe, und, wie ich hoffe, meine neuern Versuche.

Indessen hat es sich eben so zufälliger Weise gefügt, daß diese angeborne Leidenschaft für die allzuverführerischen Künste der Musen, welche, zumal in Deutschland, so geschickt ist, ihren Besitzer in einem Hospital verdorren zu machen, in den Umständen, worein mich mein Schicksal gesetzt hat, wohlthätig für mich geworden ist. Sie ist die angenehmste Ergötzung meiner Erholungsstunden, und wenn ich so sagen kann, der Nepenthe, mit dem ich von Zeit zu Zeit ein süßes Vergessen der Mühseligkeiten des geschäftigen Lebens einschlürfe. Unterschiedliche Verhältnisse gestatten nicht, mich umständlicher hierüber zu erklären. Genug, daß der Stand und Beruf, worinn ich mich seit acht Jahren befinde, derjenige zu seyn scheint, der unter allen möglichen den stärksten Absatz mit den Neigungen und Beschäftigungen eines Dichters macht. Die Erfüllung meiner Pflichten legt mir Arbeiten auf, die nicht nur mit jenen nicht in der mindesten Verwandtschaft stehen, sondern durch eine natürliche Folge das Feuer des Genie nach und nach auslöschen, und endlich, bey fortdaurender Empfindlichkeit für die zauberischen Reizungen der Musen und der Grazien, ein trauriges Unvermögen, ihrer Gunstbezeigungen zu genießen, zurück lassen. In so unpoetischen Umständen bleibt mir wohl nichts übrig, als mir die seltnen und kurzen Besuche, die mir die Muse verstohlner Weise giebt, zu meinem eigenen Vergnügen so lange und so gut zu nutze zu machen, als – ich kann. So groß der Reiz ist, den diese Art von Ergötzung für mich hat, so kann ich doch kein Geschäfte daraus machen; kurz, mein Freund, ich bin gewissermaßen berechtigt, als ein bloßer Dilettante, dem es nicht einfällt, den Meistern der Kunst den Vorzug streitig zu machen, etwas mehr Nachsicht zu erwarten, als ein anderer, der die poetische Hederam vor sein Haus ausgehängt hat, oder dafür besoldet ist, ein Dichter zu seyn, oder wie Horaz in seinem Sabino, und Pope in seinem Twickenham dieser glücklichen Unabhängigkeit und Muße genießet, in welcher ein Mann von Genie den stolzen Gedanken haben kann, für die Unsterblichkeit zu arbeiten.

Die Kunstrichter schütteln, wie ich sehe, die Köpfe; ich ersuche sie, zu thun was sie wollen, und übrigens versichert zu seyn, daß ich, als ein Liebhaber der Kunst und des Schönen überhaupt, Ihnen allezeit für die Erinnerungen verbunden seyn werde, die mich lehren, wie ich es besser machen kann. Die Beobachtungen, die der weise Beurtheiler des Agathon in der allgemeinen Bibliothek gemacht hat, daß ich schneller arbeite, ist, mit seiner Erlaubniß, nichts weniger als richtig; wollte der Himmel, daß einige Leute nicht hastiger urtheilten, als ich arbeite. Es sind nun fünf Jahre, daß ich über diesen unwürdigen Idris an meinen Nägeln kraue; und wenige Journalisten in der Welt können sich eine Vorstellung von der unendlichen Mühe machen, die ich mir geben mußte, um diesem Gedicht das Ansehen von Leichtigkeit und die Politur zu geben, welche man, wie ich mir schmeichle, in den meisten Stanzen desselben nicht vermissen wird. Ich strebe nach Correction und nach einem so großen Grade von Vollkommenheit, als mir zu erreichen nur immer möglich seyn kann; nicht, um die armselige Belohnung davon zu tragen, dem großen Haufen, der seinen Tadel oder Beyfall durch fremde Machtsprüche bestimmen läßt, als ein unverbesserliches Muster angepriesen zu werden: sondern weil ich die Kunst liebe, und weil die Flecken in meinen eignen Werken, so bald ich sie gewahr werde, mein Auge wenigstens so sehr beleidigen, als des strengsten Kunsttadlers seine. Aus diesem Grunde, und aus diesem allein, wünsche ich von wahren Aristarchen beurtheilt zu werden; aus diesem Grunde würden Beurtheilungen meinen Dank erhalten, in denen, statt allgemeiner und in schallreichen Ausdrücken daher strömender Lobpreisungen, Grund gegeben würde, warum dieses schön, oder jenes tadelhaft ist – Doch, ich bitte die Kunstrichter um Vergebung, daß ich, unbedachtsamer Weise, mir das Ansehen gebe, als ob ich ihr Handwerk – denn so etwas scheint es doch bey vielen zu seyn – besser verstehe, als sie selbst. Was ich vorhin sagte, ist in der That ein bloßer Commentarius über die obbemeldte zehente Stanze, und ich erkläre mich ein für allemal, daß meine Absicht nicht ist, ein Hornissennest wider mich aufzureizen.

Nach diesen allgemeinen Vorerinnerungen, welche, wenn ich bitten dürfte, für diese und alle meine künftige Poesien (denn ich besorge selbst, daß mich die wunderliche Neigung, meine Grillen zu reimen, nur mit dem Athem verlassen wird) gelten sollten, habe ich von dem Idris selbst nur wenig zum voraus zu sagen. Daß es eine abentheurliche Composition von Scherz und Ernst, von heroischen und comischen Ingredienzien, von Natürlichem und Unnatürlichem, von Pathetischem und Lächerlichem, von Witz und Laune, ja sogar von Moral und Metaphysik, und doch bey allem dem weder weniger noch mehr als ein gereimtes Feenmährchen, und der Pendant zu den vier Facardins des Grafen Anton Hamilton ist: alles dieses, und noch viel andres, werden die Kenner ohne mein Erinnern bemerken, weil es wirklich das ist, was einem jeden zuerst in die Augen fallen muß. Ich gestehe Ihnen aufrichtig, mein Freund, daß mich der Berggeist Capriccio, welchen der Graf Lemene so gut kannte, bey dieser Unternehmung weiter geführt hat, als ich anfangs zu gehen gedachte. Ich weis selbst nicht, wie mir der Einfall kam, einen Versuch zu machen, ob unsre Sprache nicht eben so wohl, als die Italiänische, zu Gedichten in ottave rime – aber zu bessern, als des alten Uebersetzers von Tassos Jerusalem – geschickt sey; und in wie weit es mir gelingen könnte, in einem solchen Versuch eben diejenige Art von Schönheiten zu bringen, welche uns unser vortrefflicher Landsmann Meinhard – auf dessen allzufrühes Grab ich hier eine freundschaftliche Thräne fallen lasse – an den besten welschen Dichtern kennen gelehrt hat, besonders diejenige, um derentwillen Ariost schon lange mein gewöhnliches Taschenbuch ist. Genug, ich hatte diesen Einfall; ich erfand mir ein Süjet dazu, welches dieser Art von Bearbeitung fähig wäre; ich ordnete einen Plan an; ich fieng endlich an zu arbeiten. Das Vergnügen, unzählige Schwierigkeiten zu überwinden, welche diejenigen sich selbst, wenn sie wollen vorzählen mögen, denen unsere Sprache und der Mechanismus dieser Art von Versen bekannt ist, reizte mich unvermerkt, ein größeres Stück von meinem Entwurf auszuführen, als ich anfangs wagen durfte mir vorzusetzen; und das gieng so lange fort, bis endlich diese fünf Gesänge zu Stande kamen, welche nunmehr zeigen werden, in wie weit mir meine Absicht gelungen ist.

Die Schwierigkeiten, deren ich erwähnte, würden unüberwindlich gewesen seyn, wenn ich mir in der Länge und Kürze der Zeilen, und in der Vermischung derselben, nicht eine Freyheit erlaubt hätte, welche die Natur unserer Sprache zu erfordern schien. Ich fand aber bald, daß dasjenige, was anfangs ein Werk der Nothwendigkeit gewesen war, eine reiche Quelle von musikalischen Schönheiten sey, wodurch die Monotonie der welchen ottave rime, welche in unsrer Sprache aus bekannten Ursachen ungleich weniger erträglich gewesen wäre, glücklich vermieden, und ein weit vollkommnerer Rhythmus, eine immer abwechselnde, oft nachahmende, und allezeit das Ohr ergötzende Harmonie in diese Versart gebracht werden könne: kurz, daß das Mechanische meiner Stanzen dadurch einen wirklichen Vorzug vor den Italiänischen erhalte. Ob Kenner eben so davon urtheilen werden, wird die Zeit lehren. Ich meines Orts wünschte etwas dazu beytragen zu können, den mechanischen Theil unsrer Poesie schwerer, und, wo möglich, so schwer zu machen, daß neunzehn Zwanzigtheile von meinen geliebten Brüdern in Apollo sich gelegenheitlich entschließen müßten, in Prosa zu schreiben, oder auch gar nicht zu schreiben, wenn sich eine andere Art von Beschäftigung oder Zeitvertreib für sie ausfündig machen lassen sollte.

Die Wahl des Süjet dieses Gedichts zu rechtfertigen, möchte vielleicht schwerer fallen. Ein Feenmährchen in fünf Gesängen, oder vielmehr, wenn es vollendet werden sollte, in zehen, wird in vieler Augen anstößig genug seyn. Und doch ist der Orlando Furioso, der Stolz und die Lieblingslectur der Welschen, im Grunde nichts anders, als eine Kette in einander geschlungener Feenmährchen. Wem dasjenige, was ich hierüber in der dritten und sechsten Stanze gesagt habe, kein Genüge thut, dem habe ich weiter nichts zu sagen. Ihnen aber, mein Freund, darf ich wohl im Vertrauen entdecken, daß ich, aus Gründen, von welchen mir leicht seyn sollte, ein hübsches dickes Buch zu schreiben, von Doctor Swiftens Motto, vive la baggatelle, in dem ganzen mir wohl bekannten Umfang desselben nicht wenig halte. Es giebt Mährchen, in denen bey allem Ansehen von Ungereimtheit und Frivolität, ein gut Theil mehr gesunde Vernunft steckt, als in hundert sehr ernsthaften Folianten und Quartbänden, die, mit dem Bildniß ihres Verfassers in einer feyrlichen Perücke gezieret, mit einem eben so feyrlichen Titel, die Erwartung des leichtgläubigen Lesers ganze Alphabete durch betrügen. Indessen gestehe ich Ihnen doch gerne, mein Freund, daß ich dieses Spielwerk, mit dem ich seit etlichen Jahren mich in verlornen Stunden amüsirt habe, ungeachtet aller der moralischen, psychologischen, gynäkologischen, politischen und sogar theologischen Weisheit, die darinn verborgen liegt, für nichts bessers gebe, als es ist, für eine Kleinigkeit, deren Verfasser deßwegen keinen Anspruch an einiges wirkliches Verdienst um die menschliche Gesellschaft zu machen hat; und eben darum hoffe ich auch, sehr leicht Verzeihung zu erhalten, daß Idris ein Fragment ist, und es vermuthlich so lange bleiben wird, bis sich etwan einmal drey Kunstrichter und drey Prüden mit einander einverstehen sollten, in einer namentlich unterzeichneten Bittschrift mich um die Ergänzung desselben zu ersuchen. Ich bin u. s. w.

B. den 30. des Brachmonats 1768   W.

Vorrede

Das folgende Gedicht ist der erste Versuch, den der Verfasser in einer Art von Stanzen, die den Ottave rime der Italiäner ähnlich sind, gewagt hat.

Der *Unterschied* besteht darin, daß in den Stanzen, worin *Bojardo, Ariost*, die beiden *Tasso's, Marino*, und so viele andere gedichtet haben, alle Zeilen gleich viel Sylbenfüße zählen, daß alle Reime weiblich sind, und daß die beiden Reime, an welche die ersten sechs Zeilen gebunden sind, immer auf einerley Art alternieren, so daß immer die dritte und fünfte Zeile auf die erste, die vierte und sechste aber auf die zweyte reimen: da hingegen in den Stanzen des *Idris* 1) Jamben von acht und neun, zehn und eilf, zwölf und dreyzehn Sylben, nach Gutbefinden gebraucht werden; 2) die zwey Reime der sechs ersten Zeilen, ebenfalls nach Willkühr, bald wechselweise verschränkt, bald auf jede andre mögliche Art zusammen geordnet sind, und endlich 3) männliche und weibliche Reime abwechselnd und nach Belieben die erste oder letzte Stelle der Stanze einnehmen können.

Diese Freyheit, welche die Natur unsrer etwas ungeschmeidigen Sprache bey einem ersten Versuche wo nicht nothwendig zu machen, doch wenigstens zu entschuldigen schien, kann in den Händen eines Dichters, der mit einem Ohr für Wohlklang und Numerus begabt ist, zu einer reichen Quelle musikalischer Schönheiten werden, wodurch diese freyere Art von Stanzen einen wahren Vorzug vor den strengern Ottave rime erhält. Die Monotonie der letztern, die in einem großen Gedichte endlich sehr ermüden müßte, wird dadurch vermieden, und ein weit schönerer Periodenbau, mit einer sehr mannigfaltigen, oft nachahmenden, immer dem Ohre gefälligen Eurythmie und Singbarkeit (wenn ich so sagen darf) in diese Versart gebracht; Vortheile, wovon ganz gewiß kein geringer Theil des Vergnügens abhängt, welches auch solche Leser, die der Prosodie und Versifikazion ganz unkundig sind, an *Idris und Oberon* gefunden haben.

Was das Gedicht selbst betrifft, so erhielt es sein Daseyn größten Theils in den Jahren 1766 und 67 – oft nach langen Unterbrechungen, und unter dem Drucke eines öffentlichen Amtes, dessen Geschäfte geschickter waren die Musen und Grazien zu verscheuchen als anzulocken. Die Dichtkunst war damals für den Verfasser eine Art von **Nepenthe**, womit er, wie sein *Horaz*, von Zeit zu Zeit ein süßes Vergessen der Mühseligkeiten des geschäftigen Lebens einschlürfte. Die Besuche, die ihm seine Muse nur verstohlener Weise geben konnte, waren selten und kurz; es war ihm also auch dabey mehr um sein eigenes Vergnügen als um fremden Beyfall und Ruhm zu thun, und dieß hatte ohne Zweifel in die Wahl des *Stoffs* und *die Art der Behandlung* desselben (worüber er sich in den ersten Stanzen hinlänglich erklärt hat) einen Einfluß, der dieses Gedicht vielleicht zu mehr Nachsicht berechtiget, als es unter andern Umständen fordern könnte.

Wirklich führte der Geist **Capriccio**,

> – ille sciens animos et pectora versans
> Spiritus, aber capreis montanis nomen adeptus,

den Verfasser unvermerkt weiter als er Anfangs zu gehen gedachte. Was ein bloßer Einfall war, wurde durch das Vergnügen, das mit einer nicht ganz unglücklichen Bekämpfung unzähliger Schwierigkeiten verbunden ist, unvermerkt zu einer angenehmen Beschäftigung. Indessen war doch schon bey der ersten Ausgabe dieser fünf Gesänge seine Meinung, daß sie eine Art von Gegenstück zu den *Vier*Facardins des Grafen *Anton Hamilton* bleiben sollten: und es war bloßer Scherz, als er versprach, den Idris zu vollenden, so bald drey *Kunstrichter* und drey *Prüden* sich zu einer Bittschrift um Vollendung desselben unterzeichnen würden. Er bildete sich damahls wenig ein, daß man ihn jemahls beym Worte nehmen würde, und kann sich jetzt (was auch seine Freunde sagen mögen) noch weit weniger vorstellen, daß jemand, nach Verfluß von beynahe dreyßig Jahren, noch grausam genug seyn könnte, ein solches Versprechen gegen ihn geltend zu machen.

Alles, wozu er sich verbunden hielt, war, von den vielen und mannigfaltigen Flecken, womit die erste Ausgabe behaftet war, die folgenden nach und nach, so viel ihm möglich war, zu reinigen. Indessen hat es ihm mit aller auf die letzte Auspolierung verwendeten Zeit und Mühe dennoch nicht gelingen wollen, sich selbst ein Genüge zu thun; und Leser, die in ihren Forderungen an einen

Dichter strenger sind als die meisten es zu seyn pflegen, werden hier und da noch genug kleine Unregelmäßigkeiten finden, die sich nicht wegpolieren lassen wollten, und die an einem *ersten* Versuch in einer so schwierigen Versart vielleicht zu übersehen sind, aber keinem andern zur Entschuldigung gereichen können.

Erster Gesang

1.

Für welchen Gott, für welchen Göttersohn,
O Muse, stimmest du, in Kalliopens Schleier
Vermummt, die ungelehr'ge Leier
Zum Heldenlied in kriegerischen Ton?
Versuch es nicht! Sie bleibt den Grazien getreuer
Wenn du *Rinaldo* singst, tönst sie *Endymion;*
Sie weigert sich, Kastilischen Guitarren
Den Ruhm der *Amadis* und *Cide* nachzuschnarren.

2.

Die Welt ist längst der Kurzweil satt,
Den zornigen *Achill*, die zärtlichen *Äneen*
Mit andern Nahmen auferstehen
Und lächerlich verkappt in neuer Tracht zu sehen.
Was im *Homer* das Recht uns zu gefallen hat,
Wird in der Neuern Mund oft schwülstig, öfter platt;
Und doch sich neue Bahnen brechen
Heißt in ein Nest gelehrter Wespen stechen.

3.

Schreckt diese Furcht dich nicht, und fühlt
Dein Busen Muth genug, so wage dich in Welten
Worin die *Fantasie* als Königin befiehlt,
Wo alle Dinge nur so viel wir wollen gelten.
Dem allgemeinen Ohr, für das der Dichter spielt,
Mißfällt die Wahrheit oft, das Ungereimte selten:
Bedien einmahl die Welt nach ihrer Art,
Und zeige, daß Vernunft sich auch mit Thorheit paart.

4.

Vom dummen Ernst wird zwar dieß Bündniß ange-
schwärzet:
Doch sey es! Steht dir nur die Laune zu Gebot
Von deinem *Hamilton*, dem Zärtlichkeit und Spott
Aus schwarzen Augen lacht, halb Faun, halb Liebesgott:
Der Zefyrn gleich um alle Blumen scherzet,
Um alle buhlt, doch nur die schönsten herzet,
Und, daß sein kleines Horn die Nymfen nicht er-
schreckt,
Es unter Rosen schlau versteckt.

5.

Durch ein verwickeltes Gewinde
Von Feerey und Wundern fortgeführt,
Sey, wer dich liest, besorgt wie er heraus sich finde,
Und nahe stets dem Ziel – indem er es verliert;
Er fühle, daß Natur sogar in Mährchen rührt,
Und daß Geschmack und Witz mit allem sich verbinde.
Er folge sonder Zwang, wohin die Fantasie
Ihn führt, lächl' oft, und gähn', ist's möglich, nie.

6.

Verbirg ihm stets die unwillkommnen Züge
Der strafenden Satir' in schlaue Tändeley:
Man lese dich, man suche nichts dabey
Als wie man angenehm sich um die Zeit betrüge,
Und finde, still beschämt, daß deine Schilderey
Nicht halb so viel als die Erfindung lüge.
Ergetzen ist der Musen erste Pflicht,
Doch spielend geben sie den besten Unterricht.

7.

Es dürfe was du mahlst, die schöne Unschuld lesen,

Trotz alles Furcht, die schüchternen *Agnesen*
Hans Jakob Rousseau eingejagt.
Die ist gewiß vorher verführt gewesen,
Die dich, *getreuer Hirt*, der Kuppeley verklagt.[1]
Die wahre Tugend ist nicht trotzig, nicht verzagt;
Und wagt es, ohne sich zu wenig zuzutrauen,
Den keuschen *Idris* selbst im Bade anzuschauen.

8.

Gesetzt, sie fühlt bei dem Gemählde schon
Was menschliches: so dient es ihr zur Lehre;
Sie denkt: Wie ging' es erst, wenn ich die Nymfe wäre?
Und läuft, im Falle selbst, nur hurtiger davon.
Was *Itifalln* betrifft, der spricht nur *Spröden* Hohn,
Und diese wehren sich mit Recht um ihre Ehre.
Vielleicht daß ihn, von seinem Spott bewegt,
Brigittens[2] Zunft durch Beßrung widerlegt.

9.

Die Tadler, Muse, scheue nicht;
Das Schöne selbst gefällt nicht allen.
Wie? wenn dich auch *Pantil*, die Wanze, sticht?[3]
Was hälfe dir das Lob der Buden und der Hallen?
O, möchtest du, wenn dir die Menge Lorbern flicht,

---

[1] Die Rede ist hier von dem berühmten Pastor Fido des Guarini, der von einem gewissen Nicius Erythraeus beschuldigt wird, der Unschuld der Sitten vielleicht nicht sehr zuträglich zu seyn: »Denn man sage, daß die Tugend vieler Jungfrauen und Ehefrauen an den Reitzungen dieses Gedichtes, als an eben so vielen Sirenenfelsen, Schiffbruch gelitten habe.« (S. Dictionaire de P. Bayle, Article Guarini.) Wenn sich dieses wirklich ereignet hätte, so könnte es, däucht uns, schwerlich (ohne große Ungerechtigkeit gegen den guten Guarini) anders, als durch diese zwey Verse erklärt werden.

[2] Nicht der sehr respektablen Heiligen Brigitte, sondern der Miß Bridget (Brigitte) Alworthy, nachmahligen Mistriß Blifil, deren Karakter vermuthlich allen, die dieses Gedicht lesen, aus der History of Tom Jones bekannt ist.

[3] Anspielung auf Horazens Men' moveat cimex Pantilius. –

Dem ächten Kenner nicht mißfallen,
Der ohne Schalkheit prüft, zum Tadel langsam ist,
Und jede Schwierigkeit, die du besiegt, ermißt!

10.

Den *Aristarchen* liegt die Pflicht des Tadelns ob:
Sie sitzen zu Gericht, und dürfen nichts verzeihen.
Dem Züchtling zwar dünkt stets die Peitsche grob,
Doch lacht die Welt nur mehr, je mehr die *Dunse*
schreyen.
Verdiene, wenn du kannst, des strengen Richters Lob,
Doch, ohne dich vor seinem Ernst zu scheuen.
Sein Tadel nützt der Kunst, und ging' er auch zu weit,
So schadet ihm, nicht dir, die Unbescheidenheit.

11.

Gefällst du endlich nicht, stimmt Welt und Kenner
ein,
Dich deines Diensts zu überheben:
So mag dein Trost in diesem Unfall seyn,
Daß du, bey süßer Müh, mir viele Lust gegeben.
Du machst, o Muse, doch das Glück von meinem Leben,
Und hört dir niemand zu, so singst du mir allein.
Und so beginne nun in ungestörtem Frieden
Das schöne Abenteu'r von *Idris* und *Zeniden*.

12.

Es sank aus unbewölkten Lüften,
Nach einem schwülen Tag, der Abend sanft herab;
Die Blumen, denen er das Leben wieder gab,
Durchbalsamten die Flur mit süßen Frühlingsdüften;
Die Weste kühlten sich an Silberbächen ab,
Und luden hier und da die Nymfen in den Grüften
Bey *Lunens* jüngferlichem Schein

Zum stillen Bad und leichten Tänzen ein.

13.

Um diese Zeit, da Tag und Nacht sich gattet,
Stieg, wie die Kronik sagt, in einem Myrtenwald
Ein junger Ritter ab. Er schien sehr abgemattet:
Doch hätte, wie er war, an Anstand und Gestalt
Don Galaor, Jocondo und *Rinald,*
Ja selbst *Medor* den Preis ihm ohne Kampf gestattet.
Er glich in Stahl dem Freund der Göttin von Cythere,
Und ohne Rüstung schien's, als ob er Amor wäre.

14.

Er hatte, seit Aurorens goldne Pforten
Dem Tag sich aufgethan, bis itzt in einem fort
Die Reise fortgesetzt, die ihm gerathen worden.
Sein Pferd, ein edles Thier vom ritterlichen Orden,
Flog Rehen gleich, und doch im schnellsten Flug
Des Ritters Ungeduld nicht schnell genug:
Er ritte noch, wofern ihn *Raspinette,*
Die keinen Fuß mehr fühlt, nicht abgemahnet hätte.

15.

Herr Ritter, sagte Raspinette,
Die Trägheit, wie ihr wißt, ist sonst mein Fehler nicht,
Ich lauf' im Fall der Noth mit Greifen in die Wette;
Allein ihr spannt bis Senn' und Bogen bricht.
Wir rennen, seit aus ihres Alten Bette
Aurora stieg, bis bald zum Sternenlicht:
Mehr ist zu viel; mir klebt die Zung' am Rachen;
Wir könnten, dächt' ich, hier wohl eine Pause machen.

16.

Seht ihr die Quellen dort, die durch den jungen Hain,
Beblümt an jedem Bord, sich, Kränzen ähnlich, winden?
Bequemer kann kein Platz, selbst in den stillen Gründen
Elysiums, zum Übernachten seyn.
Ich würde frisches Gras an dieser Quelle finden,
Und ihr, Herr Ritter, schlieft bey ihrem Murmeln ein.
Ihr könntet, unterm Duft von jenen Myrtenbäumen,
Recht angenehm von eurem Fräulein träumen.

17.

Der schöne Ritter hört des klugen Pferdes Wort,
Steigt ab, läßt Raspinetten grasen,
Und sucht am blumenvollen Bord
Des fließenden Krystalls, auf sammetweichem Rasen,
Zur Lagerstatt sich einen schönen Ort,
Wo, sanft von Zefyrn aufgeblasen,
Sich volle Rosenbüsch' in wilde Lauben ziehn
Und wie Rubin im Abendschimmer glühn.

18.

Im Mittel dieser Rosenhecken
Ergoß das Wasser sich auf goldbestäubtem Sand
Aus manchem kleinen Arm in ein geraumes Becken,
Mit Marmor ausgelegt, doch nicht von Menschenhand.
Es schien gemacht die Badlust zu erwecken.
Der Ritter hatte kaum die Augen hingewandt,
So fiel ihm ein, sich hier ein wenig abzukühlen,
Und seinen schönen Leib vom Sommerstaub zu spülen.

19.

Er schnallt den Harnisch ab, legt Helm und Lanze
nieder,
Und überläßt der lauen Flut

Den frischen Reitz der jugendlichen Glieder.
Ihr unbefleckter Schnee, getuscht mit Rosenblut,
Scheint aus den Spiegelwellen wieder,
So wie der Sonne Bild von glattem Marmor thut,
Ihm hätte kaum (die Wahrheit zu gestehen)
Die alte *Vesta* selbst kaltblütig zugesehen.

20.

Der keusche Ritter glaubt in diesem stillen Bade
Allein zu seyn und unbelauscht;
Er plätschert wie ein Aal; als plötzlich vom Gestade
Ein raschelndes Getös' ihm in die Ohren rauscht.
Es war – was rathet ihr? – die lieblichste *Najade*,
An deren Anblick je ein Triton sich berauscht:
Es hatte sie, auf Klee am Ufer hingestrecket,
Aus einem leichten Traum sein Plätschern aufgewecket.

21.

Man kennt aus *Gabalis* glaubwürdigen Berichten
Die Reitze der *Ondinen* schon;
Auch *Rubens* liebte sie um *Amfitritens* Thron
In großen Gruppen aufzuschichten,
So wohl genährt, so üppig, und (mit Züchten)
So nackt, daß einem Mann davon
Die Augen übergehn. Wir sollten also denken,
Ihr könntet uns die Müh ihn zu kopieren schenken.

22.

Viel Tritons hatten ihr vergeblich nachgetrachtet,
Viel Faunen manche Nacht umsonst für sie durchwacht;
Der schönste ward von ihr nicht schön genug geachtet;
Zevs hätte sich umsonst zum Schwan für sie gemacht.
Doch ungerochen wird Kupido nie verachtet!
Ihr Stündchen kam, da sie's am wenigsten gedacht:

Und freylich dürft' es auch der Sprödesten auf Erden
Gefährlich seyn, *so* überrascht zu werden.

23.

Sie stutzt, erröthet, will entfliehn,
Und bleibt, indem sich schon die schönen Knöchel he-
ben,
Wie in der Flucht versteint, halb überm Boden schwe-
ben:
Ein fremder Zauber scheint auf unsern Paladin
Den abgewandten Blick mit Macht zurück zu ziehn;
Sie muß dem stärkern Gott sich überwunden geben;
Sie steht und saugt mit gierig offnen Blicken
Der Liebe süßes Gift und schmerzendes Entzücken.

24.

Der Augenblick, da uns ein schöner Gegenstand
Die ersten Seufzer lehrt, giebt uns ein neues Wesen;
Er macht die Wunder wahr, die wir in Dichtern lesen,
Flößt Klötzen Seelen ein, nimmt Weisen den Verstand;
Ein Busen sey so kalt wie Alpenschnee gewesen
Und härter als der Diamant,
So zwingt ihn Amors Hauch in Flammen aufzuwallen
Und sehnsuchtsvoll zu steigen und zu fallen.

25.

Ja, Liebe, deine Macht ist groß und wunderbar!
Wer darf im Kampf mit dir zu siegen sich getrauen?
Die Nymfe, die noch kaum so unempfindlich war,
Vor jungen Faunen floh, und ohne Frost und Grauen
Nicht fähig war den Flußgott anzuschauen,
Der, hingestreckt auf Schilf, in seinem Schlaf sogar
Ihr schrecklich schien, – wünscht itzt sich hundert Au-
gen,
Den Reitz, der sie bethört, auf einmahl einzusaugen.

26.

Der schöne Paladin, in seinem Wahn allein,
(Denn unsre Lauscherin verbargen noch die Hecken)
Denkt nicht daran, ihr etwas zu verstecken;
Und mehr als nöthig war, in einer Brust von Stein,
In Hektors Mutter selbst, Begierden aufzuwecken,
Ist ihrem Blick erlaubt, als glatt wie Elfenbein
Sich aus der Flut die schönen Hüften heben,
Schön, wie die Mahler sie dem jungen Bacchus geben.

27.

Es wallt der schwarzen Locken Nacht
Entfesselt um den Marmornacken;
Bey seines Rückens Glanz, der Schwanen schamroth
macht,
Scheint spiegelnd Silber grau wie Schlacken;
Die ungeschwächte Jugend lacht
Aus seinem schwarzen Aug' und glüht auf seinen Ba-
cken;
Sein Arm, voll Kraft, bespannt mit straffen Sehnen,
Beut Männern Trotz und – Schutz bedrängten Schönen.

28.

Der Nymfe trüber Blick erlischt in feuchter Gluth,
Ihr Busen athmet schwer von pressendem Verlangen;
Ein geistig Feuer schleicht durch ihr elektrisch Blut,
Und giebt dem ganzen Leib die Farbe ihrer Wangen;
Des Liebesgottes voll und seiner süßen Wuth
Eilt sie hervor, den Jüngling zu umfangen.
Er hört ein Rascheln, stutzt, erschrickt,
Und plötzlich wird von ihm die schöne Nymf' erblickt.

29.

Man konnte nichts verführerischers sehen,
Und mancher Heil'ge ward von weniger berückt;
Zumahl, da das Kostum der *Töchter von Nereen*
Sie, als zum Überfluß mit eignem Reitz geschmückt,
Gar wenig mit geborgtem drückt.
Doch *Idris*, unser Held, bewaffnet mit *Ideen*,
Blieb kalt, und sah – aus Tugend oder Wahn –
Die schöne *Nixe* gar mit Widerwillen an.

30.

Aus Tugend oder Wahn? Ist nicht ein Drittes möglich?
Vielleicht macht *Treue* bloß, mit etwas Stolz gepaart,
Den jungen Mann so unbeweglich?
Vielleicht ist's Liebe selbst, und von der schönsten Art,
Was seine Brust vor schwächerm Reitz verwahrt?
Genug, ihr Anblick wird ihm plötzlich unerträglich;
Er wendet sich und fliegt. Mit thränenvollem Blick
Eilt sie ihm nach und ruft den Fliehenden zurück.

31.

O fliehe nicht, ruft sie mit zauberischem Ton,
(Denn Amor haucht aus ihrer süßen Kehle)
Verweile, schöner Göttersohn;
Beweise nicht durch Sprödigkeit und Hohn,
Daß deinem Reitz die höchste Zierde fehle!
Ein schöner Leib verspricht auch eine schöne Seele.
O fliehe nicht aus nie berührten Armen,
Die itzt zum ersten Mahl von Amors Gluth erwarmen!

32.

Nie hat an dieser Brust, die dir entgegen wallt,
Ein Gott noch Sterblicher gelegen.
Vergeblich suchten sie durch Jugend und Gestalt,

Durch Schmeicheln, Flehn und ganze Thränenregen
Mein Mitleid wenigstens statt Liebe zu erregen:
Ihr Bitten fand mich taub, ihr Feuer spröd und kalt;
Sie nannten mich ein Bild, zum Sehn allein zu brauchen,
Denn es bedurfte Dich mir Liebe einzuhauchen.

33.

Und, o wie dank ich itzt dem seligen Geschick
Das deinen Anblick mir gegeben!
Erst seit ich lieb', erst seit dem Augenblick
Da ich dich sah begann mein wahres Leben.
Wie wünsch' ich itzt die öde Zeit zurück,
Da ich den Pflanzen glich, die an der Erde kleben!
Mir ist, ich sey erst itzt aus jener kalten Nacht,
Dich anzuschauen, aufgewacht!

34.

Komm, fährt sie fort, und streckt mit reitzenden Ge-
berden
Die Arme nach ihm aus vor zärtlicher Begier;
Komm, theil' Unsterblichkeit und Götterglück mit mir!
Empfang und gieb das Glück, geliebt zu werden!
O, fliehe nicht, du zögest mich nach dir,
Flögst du bis an den Saum der Erden:
Flieh, wenn du willst, zum schwarzen Höllenbach,
Ich folge dir ins Reich der Schatten nach.

35.

Der Jüngling steht und hört was Götter zu bethören
Vermögend war, und fühlt sich unbewegt!
Die Schöne, die ihr Herz mir selbst entgegen trägt,
Die fähig ist sich selbst so zu entehren,
Wird eh' ein Bild, in dessen Brust nichts schlägt,
Als mich (so spricht er stolz) aus meiner Ruhe stören:

Wo Augen ohne Scham in offne Arme winken,
Läßt die Begierde stracks die Flügel sinken.

36.

Doch wär' auch dieses nicht, so würde doch von mir
Die Liebesgöttin selbst nicht mehr als du erhalten.
Du bist so schön als sie; mein Mund gesteht es dir,
Mein Herz fühlt nichts davon. Die lieblichsten Gestalten
(Und machten sie Aurorens schwachen Alten
Von neuem jung, und Jupiter zum Stier,)
Sind ohne Reitz für mich, seit ich die Schöne kenne,
Für die ich, ungeliebt und ohne Hoffnung, brenne.

37.

Er spricht's und flieht aufs neu; allein sie hält ihn schon
Mit Armen, weiß wie Schnee und weich wie Flaum, um-
schlungen.
Aus Fesseln dieser Art hätt' auch Alkmenens Sohn
Sich nicht so leicht, als aus des Riesen Geryon
Dreyfachen Armen, los gerungen;
Hier wird der Stärkste nur am leichtesten bezwungen;
Wo Tugend und Natur sich bis ans Leben gehen,
Verzehrt der Widerstand die Kraft zum Widerstehen.

38.

Zwar bleibt sein Wille unverführt;
Doch alles, was er sieht, und höret, und berührt,
Er wolle oder nicht, berauschet seine Sinnen:
Ihr wollustschwerer Blick, ihr süßer Athem schürt
Die Flammen an, die schon in seinen Adern rinnen;
Wie *Xenofons Arasp* wird er zwey Seelen innen,
Bey deren ungelegnem Zwist
Die schöne Feindin siegt, und er verrathen ist.

39.

Er rafft in dieser Noth die letzte Kraft zusammen,
Und ruft, so laut er nur vor kurzem Athem kann,
Den Gegenstand von seinen keuschen Flammen,
Nach ritterlichem Brauch, um schnellen Beystand an.
Ob sie ihn hörte, zweifelt man;
Doch wird darum kein Weiser ihn verdammen:
Sein brünstiges Gebet hielt ihm ihr Bildniß vor,
Und dieses half sogleich der bessern Seel' empor.

40.

Ihn däucht, er sehe sie, von Götterglanz umgeben,
Gleich einem Genius, mit ausgereckter Hand,
Zu seinem Schutz auf einer Wolke schweben.
Mehr braucht' es nicht ihm Kraft zu neuem Widerstand
Und einen andern Lauf dem regen Blut zu geben.
Er ringet, bis es ihm vom zauberischen Band,
Worein die *Nais* ihn verstricket,
Auf einen Augenblick sich los zu machen glücket.

41.

Sie stutzt; allein sie war bereits zu weit gegangen
Um bey so schönem Spiel gleich muthlos still zu stehn;
Der Kampf scheint ihre Gluth nur stärker aufzuwehn,
Giebt ihren Augen Feu'r, Karmin den Rosenwangen,
Entwickelt jeden Reitz, und macht sie noch so schön.
Sie rüstet sich, den Streit von neuem anzufangen,
Und Amor weiß zu wessen Ehre,
Wenn nicht ein Mittelsmann dazugekommen wäre.

42.

Ein Jüngling zeigte sich, der an Gestalt und Tracht,
An stolzem Wuchs und männlich starken Sehnen

Dem Halbgott glich, dem Sohn der Wundernacht,
Die dreyfach war und doch der zärtlichen Alkmenen
Nur Eine schien; ein Hektor in der Schlacht,
Ein Faun beym Schmaus, ein Paris bey der Schönen;
Dem ersten Anblick nach die Pest der Ungeheuer,
Doch weit ein größrer Freund der sanften Abenteuer.

43.

Ein fleckig Tiegerfell mit Klauen von Smaragd
Ist sein Gewand und schlägt die starken Lenden;
Und was sein Putz dem Auge nicht versagt,
Ist blühend, jugendlich, voll Kraft, und zum Verblenden;
Aus seinen Augen strahlt ein Muth, der alles wagt
Und von Begierde schwillt sein Leben zu verschwenden;
Ihm war an Willen und Vermögen
Im Dienst um Minnesold kein Ritter überlegen.

44.

Er reiste seinen Weg durch unsern Wald, nicht weit
Von da, wo wir die Kämpfenden gelassen;
Als das Getös' von diesem seltnen Streit
Ihm würdig schien, den Fußweg zu verlassen.
Zu einer Heldenthat den Anlaß zu verpassen
War seine Sache nicht, zumahl um Abendszeit.
Er eilt, er kommt, er sieht – Ist's möglich? Soll er trauen?
Ist es ein Blendwerk nicht, was seine Augen schauen?

45.

Die Nymf' erschrickt vor einem Mann
Der hier nicht nöthig war, daß ihr die Haare stehen;
Sie hätte wohl das Thier vom Ländchen *Gevaudan*,[4]

---

[4] Ein Wolf, der um die Zeit, da dieses geschrieben wurde, viele Wochen lang
ganz Frankreich, unter dem Nahmen der Bête de Gevaudan, ängstigte, und eine

Den Schrecken Galliens, so gern als ihn gesehen.
Zu gutem Glück war ihr die Kunst der Feen
Nicht unbekannt; hilft nichts, so hilft ein Talisman.
Sie spritzt mit hohler Hand ihm Wasser an die Hüfte,
Und ruft: Erhebe dich als Uhu in die Lüfte!

46.

Sie ruft's, und zweifelt nicht an einer Zauberkraft,
Der Luft und See gehorsam waren.
Allein, hier hätte selbst *Urgandens* Wissenschaft
Die Grenzen ihrer Macht erfahren.
Der Held bleibt wie er war, steht unbesorgt und gafft
Die Reitzungen, die sie mit ihren langen Haaren
Verbergen will und nicht verbergen kann,
Mit Lüsternheit und feuchten Augen an.

47.

Inzwischen hat, aus ihrem Arm entronnen,
Ihr spröder Liebling Luft gewonnen.
Sie schickt ihm ans Gestad' (allwo er, in der Hut
Des rosigen Gesträuchs, am letzten Strahl der Sonnen,
Halb angekleidet, matt und keichend ruht)
Mit thränenvollem Aug' und Wangen ohne Blut
Noch einen Seufzer nach, wie wenn von Amors Bogen
Ein Pfeil die Luft durchzischt, und stürzt sich in die Wo-
gen.

48.

Der Mann im Tiegerfell, nachdem er lang' geharrt,
Und nach dem Ort, wo ihm ihr Reitz unsichtbar ward,
Mit unverwandtem Blick vergebens hingestarrt,

Menge Mädchen und Kinder fraß, bis sich endlich ein Gallischer Herkules fand,
der den Muth hatte sein Vaterland von diesem Ungeheuer zu befreyen.

Sucht itzt auf seinem Rasenbette
Den Jüngling auf, an dessen Stätte
Er klüger, wie ihn däucht, sich aufgeführet hätte.
Sie grüßen sich, sie geben sich die Hand,
Und thun, als Ritter, gleich beym ersten Blick bekannt.

49.

Herr Ritter, (spricht zu unserm Paladine
Sein neuer Freund, und streckt sich neben ihn ins Grüne)
Was eurer Herrlichkeit in ihren Adern fleußt,
Ist wohl kein Blut? – Verzeiht, ich rede dreist;
Allein, ihr haltet nicht, was eure gute Miene
Die Kennerinnen hoffen heißt.
Sich aus dem schönsten Arm mit Abscheu los zu reißen,
Kann euer *Plato* selbst, fürwahr! nicht Tugend heißen.

50.

Verbindet uns die Ritterpflicht,
Für jedes schöne Kind, das unsern Schutz bespricht,
Gefahr und Wunden zu verlachen,
Und, Damen zu befreyn, mit kühnem Angesicht
Durch Riesen, flammenschwangre Drachen,
Ja durch die Hölle selbst uns einen Weg zu machen:
Wie kann es sich mit ihr vertragen,
Den angebotnen Kampf der Liebe auszuschlagen?

51.

Ein Abenteuer fliehn, dem sich die Blödigkeit
Von jedem unversuchten Knaben
Gewachsen fühlt, ist einem Mann von Gaben
Und Muth, wie ihr, Herr Ritter, seyd,
Nicht zu verzeihn; es müßte denn der Neid
Von einer Zaubrerin die Hand im Spiele haben.
Wenn dieses ist, bedaur' ich auch von Herzen;
Die Menschlichkeit verbeut in solchem Fall zu scherzen.

52.

Der schöne Held, beleidigt durch den Ton
Wmit der Fremde spricht, mißt ihn mit Wuth im Blicke
Vom Wirbel bis zum Fuß. Nichtwerther Erdensohn,
Ruft er ergrimmt und faßt ihn am Genicke:
Wenn nicht ein Strom von Blut den pöbelhaften Hohn
In deinem Hals erstickt, so dank es deinem Glücke!
Die Nacktheit ist dein Schirm; du solltest dich entblöden,
In ritterlichem Schmuck aus diesem Ton zu reden!

53.

Eh' du so trotzig thust, spricht jener lächelnd nur,
Lern deinen Mann erst besser kennen!
Versuch's, ich kann dir leicht der Waffen Vortheil gönnen;
Die Nymfen sollen doch nicht minder diese Flur
Das Grab des *neuen Atys* nennen.
Vernimm, daß *Itifall*, so wie ihn die Natur
Bewaffnet hat, und ohne Speer und Degen,
Die Helden deiner Art ins Grüne pflegt zu legen.

54.

Nimm deine Keul', es ist genug geprahlt!
Versetzt der Held, und zieht mit ruhigern Geberden
Sein diamantnes Schwert, das gleich der Sonne strahlt;
Und nun begann ein Kampf, wie auf der weiten Erden
Noch nie gesehen ward, und nie gesehn soll werden
So lang' der Tag die Welt mit sieben Farben mahlt.
Sie schienen sich an Muth, an Kraft und Kunst zu glei-
chen,
Und gleich entschlossen, eh' zu fallen als zu weichen.

55.

Ein Kieselregen, der den Tag

Uns zu vermauern scheint, fällt nicht so rasch und dichte
Auf eine Flur voll goldner Sommerfrüchte,
Des Schnitters Reichthum, hin, der kaum zu fliehn ver-
mag;
Als mit zerschmetterndem Gewichte,
Ergrimmt und rastlos, Schlag auf Schlag
Die Streiter wechselweis erschüttert,
Und rings umher den halben Hain zersplittert.

56.

Allein, trotz ihrer Wuth, die jeder neue Streich
Mehr anzuflammen scheint, will's keinem doch gelingen,
Die kleinste Wunde nur dem Gegner anzubringen.
Umsonst erschöpfet ihr, erboßte Kämpfer, euch!
Des Sieges Wage steht auf beiden Seiten gleich:
Hält *Idris* durch den Schwung der stärksten aller Klingen
Den schweren Stahl wie Binsenrohr von sich,
So sieht er *Itifalln* fest gegen Hieb und Stich.

57.

Sie sehn erstaunt sich an, indeß für neue Kräfte
Den Kampf verschnaubt, und trau'n den Sinnen kaum.
Mischt Zauberey sich ins Geschäfte?
Ist's Blendwerk? Wäre nicht der mattre Lauf der Säfte,
Der steife Arm, der ausgesogne Gaum,
Sie hielten's beide schier für einen bloßen Traum.
Doch, was es sey, sie sind entschlossen
Noch einen Gang zu thun, trotz allen *Karabossen*![5]

58.

Wie wenn aus Äols wildem Heer
Zwey von den wildesten, mit aufgeblasnen Backen,

---

[5] Nahme einer häßlichen bösen Fee in einem Mährchen der Gräfin D'Aulnoy

Auf offner See sich bey den Flügeln packen;
Sie schütteln sich; es weht, von Ungewittern schwer,
Ihr wirbelnd Haar um Stirn und Nacken,
Und unter ihnen braust das aufgeschwollne Meer;
Die Nymfen fliehn in schüchternem Gewimmel,
Und aus dem Schlaf geschreckt schau'n Götter aus dem
Himmel:

59.

So stoßen, unerschöpft an Muth,
Mit angestrengtem Arm die Kämpfer auf einander.
Es fochten nicht mit größrer Wuth
Um ein entlaufnes Weib die Helden am *Skamander*;
Kein *Amadis*, kein *Kaloander*[6]
That mehr, als *Itifall* und als sein Gegner thut,
Um durch den Fall von einem unter beiden
Den edeln Wettstreit zu entscheiden.

60.

Umsonst! Auf beider Schutz bedacht,
Scheint eine höh're Macht des Schattenkriegs zu spotten:
Sie kämpfen noch, da schon die braune Nacht
Die halbe Welt von Mohnsaft trunken macht,
Und Titans Zug, in Amfitritens Grotten,
Von seinem Tagewerk den Himmel durchzutrotten
Auf einer Lilienstreu verschnaubt,
Und aus der Nymfen Hand ambrosisch Futter raubt.

61.

Doch, welch ein Wunder unterbricht

---

[6] So heißt der Held eines berühmten und in seiner Art vortrefflichen heroischen Romans des Marini, der mit dem berühmten Dichter Marino nicht verwechselt werden muß.

Das eitle Fechterspiel? – Ein Glanz, wovon die Quelle
Verborgen bleibt, ein überirdisch Licht,
Macht plötzlich um sie her die falben Schatten helle.
Bestürzt schaut *Idris* auf; doch Der im Tiegerfelle
Reicht lächelnd ihm die Hand und spricht:
Herr Ritter, wie ihr seht, taugt unser Streit zum Lachen
So wenig als zum Ernst; wir wollen Frieden machen!

62.

Wir kennen uns nunmehr, und (stimmt ihr anders ein)
Soll diese Nacht, wiewohl mit Zwietracht angefangen,
Weil Amor euch mißfällt, der Freundschaft heilig seyn.
Wischt nur den Heldenschweiß von euern schönen Wan-
gen
Und ruhet aus: ihr seht, wir haben Wein
Und was die Augen nur verlangen;
Auf Reisen, wo das Essen schmeckt,
Ist's seht bequem, wenn sich der Tisch von selber deckt.

63.

Kaum spricht er aus, so steht, wie auf sein Winken,
Ein aufgeschmücktes Gastmahl da;
Die Schüsseln Gold aus Angola,
Die Tafel Elfenbein, der Fuß Korallenzinken;
Und, was Herr *Itifall* hierbey am liebsten sah,
Ein Schenktisch von Krystall, wo frische Weine blinken.
Die Helden setzten sich, nachdem sie sich geküßt,
Und essen ohne Scheu, was aufgetragen ist.

64.

Um ihre Tafellust zu mehren,
Läßt unsichtbar, vermuthlich aus den Sfären,
Sich ein Koncert von Instrumenten hören.
So war das Glück der guten *Feenzeit*!

Die ganze Geisterwelt stand auf den Wink bereit;
Man ritt in einem Tag wohl tausend Meilen weit;
Nachts stieg ein *Gnom* herauf, im Wald euch aufzutischen,
Und *Nymfen* gab's in allen Büschen.

65.

Der muntre *Itifall,* zur Freude stets gefaßt,
Und durch sein Glück verwöhnt, mit Amorn nur zu
scherzen,
Bemerkt an seinem schönen Gast
Den unverhehlbaren Kontrast
Erzwungner Fröhlichkeit und innerlicher Schmerzen.
Zwar *Idris* lächelt auch, doch nur mit halbem Herzen;
Er scheint zerstreut, er seufzt und weiß es nicht,
Und starrt aus offnem Aug' als säh' er ein Gesicht.

66.

Nun, junger Freund, was drückt euch auf der Brust?
Ruft *Itifall* ihm zu: wer wird bey vollen Flaschen
Von Perserwein, dem Geber froher Lust,
Dir Stirn in Falten ziehn und magre Grillen haschen?
Quält euch vielleicht ein zärtlicher Verlust,
So müßt ihr euer Hirn in diesem *Lethe* waschen!
Kein Seneka heilt halb so gut
Die Schmerzen des Gemüths als süßes Traubenblut.

67.

Indeß begreif ich nicht was euch bekümmern kann.
Die junge Welt pflegt sonst aus schönen Augen
Das wollustreiche Gift verliebter Qual zu saugen,
Und gegen dieses Gift verwahrt kein Talisman.
Doch euch, den Nymfen selbst nicht zu verführen taugen,
Sogar im Bade nicht, was ficht euch Amor an?
Er wetzt umsonst an runden Marmorklippen

Den schärfsten Pfeil auf euch; der ritzt euch kaum die
Rippen.

68.

Wer mich für unempfindlich hält,
Betrügt sich, *Itifall;* (erwiedert unser Held
Und seufzt so schön dazu wie eine Turteltaube)
Mein Herz war, seit es schlägt, das zärtlichste der Welt,
Und meiner Amme Milch war Liebe, wie ich glaube:
Du weißt's, die mit mir wuchs, einsiedlerische Laube;
Ihr Grotten wißt's, in deren stillen Schooß
Mein junges Herz die ersten Thränen goß.

69.

Wenn vor Auroren her die leichten Thränen fliegen,
Besuchte mich im Schlaf ein überirdisch Bild,
Worin ein Gott, sich selber zu vergnügen,
Was jenseits unsrer Welt die Allmacht kann, enthüllt.
Die ganze Schöpfung schien, von ihrem Glanz vergüldt,
Wie ein Elysium, rings um mich her zu liegen.
Ihr Athem, däuchte mich, goß Steinen Seelen ein,
Und ich – ich schien mir selbst nicht sterblich mehr zu
seyn.

70.

Stell' etwas schöners als die *Tiziane* kennen,
Mehr als den schönsten Traum der Fantasie dir vor,
Schwing dich zu einem Grad der Reitzungen empor,
Wovon die Seelen sich von ihren Leibern trennen,
Und alles, was wir schön und groß und göttlich nennen,
Das strahl' aus jedem Blick hervor;
So hast du doch von der, die meine Brust beseelet,
Nur einen Schattenriß, dem Farb' und Ausdruck fehlet.

71.

Dieß himmlische Gesicht ließ andern Gegenständen
In meiner Seele keinen Raum:
Ich dachte nichts, ich sah an allen Enden,
Ich hört' und fühlte nichts, als meinen Göttertraum.
Wie vielmahl saß ich nicht, den Kopf in beiden Händen,
Beym Mondschein unter einem Baum,
Und überließ mich dem Entzücken,
In meiner Fantasie ihr Nachbild anzublicken!

72.

Die Ungeduld das Urbild selbst zu sehn
Stahl mich zuletzt der Vorsicht des *Druiden*,
Der mich erzog. Ich strich durch Thal und Höh'n,
Vom Abendmeer zum Ost, vom Nord zum schwülen
Süden;
Der Hoffnungstrieb, sie endlich auszuspäh'n,
Verkürzte meinen Weg und ließ mich nicht ermüden:
Ulysses hat in seinen Wanderjahren
Nicht mehr, als ich in mindrer Zeit, erfahren.

73.

Doch, kurz zu seyn, nachdem der Frühling sich
Dreymahl verjüngt seitdem ich ausgezogen,
Nachdem ich manchen Himmelsstrich,
Manch fabelhaftes Land und manche See durchflogen,
Und sich mein zweifelnd Herz kaum mit sich selbst ver-
glich,
Ob mich kein eitler Traum, ein Kind des Schlafs, betrogen,
Da mich die Hoffnung schon verließ;
Erschien der Augenblick, der mir die Göttin wies.

74.

Zu mahlen was ich da empfunden,
Dazu hat kein *Homer* die Farben noch erfunden:
Ich stand, als würde mir der Himmel aufgethan.
O Tag, o froher Tag! o mehr als goldne Stunden,
In euch sah'n Götter nur mich ohne Mißgunst an!
Mein ganzes Wesen schien in einem Ocean
Von Freuden, welche noch kein Dichtermund besungen,
Kein Glücklicher gefühlt, zerflossen und verschlungen.

75.

Ich sah sie, *Itifall* – welche eine Wonn' umfaßt
Dieß einz'ge Wort! – und sie erlaubte meinen Blicken,
Ja meinen Lippen selbst, Bewundrung und Entzücken
Zu ihren Füßen auszudrücken!
Man zeigte mir sogar, ich werde nicht gehaßt.
Zu meiner Wohnung ward ein schimmernder Palast
Von Sylfen aufgebaut, und bey den Lustbarkeiten
Sah mich der Hof fast stets an ihren Seiten.

76.

Wie neidenswürdig schien mein Glück!
Doch, unterm Mond ist, leider! nichts vollkommen.
Ein unerbittliches Geschick
Hat mir sogar der Hoffnung Trost benommen.
Ach! warum mußte doch, Natur, dein Meisterstück
Aus deiner Hand nicht ganz vollendet kommen?
Um aller Götter Thron zu seyn,
Fehlt ihrer schönen Brust – der Liebesgott allein.

77.

Nie liebte sie, und ach! nachdem ich sie erblickt
Und nicht gerührt, so wird sie niemahls lieben.
So ist es im Gestirn geschrieben;
Nie wird in ihrem Arm ein Sterblicher beglückt.
Ganz Geist, ganz frey von körperlichen Trieben,
Von nichts gequält, von nichts entzückt,
Gleicht sie, in einem Leib den Venus selbst beneidet,
Den Wesen die kein Stoff bekleidet.

78.

Nie hat das stürmische Getümmel
Der Leidenschaft ihr Herz aus seiner Ruh geweckt,
Nie den umwölkten Geist mit ihrem Dunst befleckt.
Wie dem, der vom Olymp, benachbart mit dem Himmel,
Auf eine halbe Welt den freyen Blick erstreckt,
Die Schlacht bey Akzium ein lächerlich Gewimmel
Von Fröschen scheint, die eine warme Nacht
Aus ihrem Teich die Köpfe recken macht:

79.

So wird, indem vor ihr das unbegrenzte Ganze
Verbreitet liegt, der Erdenkinder Stand
Und emsiges Gewühl zu Puppenspiel und Tand;
Der Unterschied verschwind't von *Cäsars* Lorberkranze
Und einem Blumenkranz, womit ein Hirt beym Tanze
Sich König dünkt, weil ihn sein Mädchen wand;
Gleich achtlos sieht sie uns zu ihren Füßen liegen
Und einen Schmetterling um junge Rosen fliegen.

80.

Wahr ist's, sie unterschied die nahmenlosen Triebe,
Die mir im Traume schon ihr Schatten eingehaucht,

Vom schnöden Brand gemeiner Liebe,
Die von Begierden lebt und im Genuß verraucht:
Ein ewig brennend Feu'r, das keine Gegenliebe,
Das außer ihrem Blick sonst keine Nahrung braucht,
War allzu schön und unterm Mond zu selten,
Es mit Verachtung zu vergelten.

81.

Ach *Itifall*! Wie manches Mahl,
Wenn sie voll sanfter Huld die Augen auf mich kehrte,
Mit süßer Stimme mir mich stets zu grämen wehrte,
Und durch Ergetzungen mein Herz dem Kummer stahl;
Ach Freund! wie oft, und o wie sehr bethörte
Mein gern betrognes Herz ein falscher Hoffnungsstrahl!
Wie bald ließ wieder mich ihr ruhig Auge lesen,
Was ich für Liebe hielt, sey Freundschaft nur gewesen!

82.

Aus Mitleid irrte sie oft Sommertage lang
Allein mit mir in schattenreichen Hainen,
Und ohne, wenn mein Arm sie wehmuthsvoll umschlang,
Wie keusche Furien, sich in Gefahr zu meinen,
Erlaubte sie mir, sonder Zwang,
Den bangen Trost, an ihrer Brust zu weinen;
Sie sah mich gütig an und seufzte mir zu Lieb',
Daß durch der Sterne Schuld ihr Herz gelassen blieb.

83.

Herr Ritter, fiel ihm hier sein Hörer lachend ein,
Das Stück ist weinerlich; doch duldet, daß ich lache.
Ey, lehrt mich doch, ich bitte, wie man's mache,
So tapfer, so verliebt, und doch so *neu* zu seyn!
(Denn Winseln, ich gesteh's, war niemahls meine Sache)
Um Amors willen! Herr, wer schwatzt von Qual und Pein

An seiner Göttin Brust? – Sie läßt euch ruhig liegen;
Und ihr beklagt euch noch, sie sey nicht zu besiegen?

84.

Ja, sprecht ihr, sagte sie nicht selbst ihr Herz sey kalt,
Zur Freundschaft nur gemacht, und ungeschickt zum
Lieben?
Welch Mädchen spricht nicht so? und doch ist nichts so
bald
Als diese Fantasie vertrieben.
O! sie verzeihen viel, zumahl in einem Wald;
Ihr braucht ja nur die Schuld auf ihren Reitz zu schieben.
Durch Feuer, Freund, und nicht durch feige Thränen
Erweichet sich und schmilzt das Marmorherz der Schö-
nen.

85.

Nach einem unbekannten Gut
Kann der beredtste Mund uns wenig Lust erwecken:
Gieb ihr der Liebe Glück zu schmecken,
Und siehe dann wie lang' die Sprödste spröde thut.
Laß Amorn Anfangs sich in Tand und Scherz verstecken,
Entflamme nach und nach das jugendliche Blut,
Und wenn ihr Auge schwimmt, wenn im halb offnen
Munde
Die blasse Zunge lechzt, dann schlägt die Schäferstunde.

86.

Vor Zorn und Scham erröthend, fällt
Ihm *Idris* hier ins Wort: Ich weiß nicht was mich hält,
(Spricht er mit Stolz) dein freches Maul zu lehren,
Daß Götter selbst ihr Bild in dieser Tugend ehren,
Die dein verdorbnes Herz den Dirnen beygesellt,
Die sich mit stumpfen Nägeln wehren.

Wie? ist die Unschuld nichts als Kunst und schlauer Tand,
Weil Itifall – bequeme Nymfen fand?

87.

So trotzt, von feilen Buhlerinnen
In den Geheimnissen von Pafos eingeweiht,
Der Gecken blödes Volk euch, Schönen, ungescheut,
Höhnt euern schönsten Reitz, die keusche Sittsamkeit,
Und prahlt, weil *Lais* wich, euch alle zu gewinnen.
Unzärtlich, stumpf an innern Sinnen,
Ist ihre Lieb' ein bloßes Fibernspiel,
Und ihre höchste Lust ein kitzelndes Gefühl.

88.

Ich Thor! wie konnt' ich auch so sehr mich übereilen,
Mein Innerstes dem ersten besten Faun,
Der mit in einem Wald begegnet, zu vertrau'n?
Empfindungen mit dem, der ohne Herz ist, theilen,
Heißt Schlösser auf die Wellen bau'n,
Und eines Tauben Milz durch Symfonien heilen. –
Sagt alles, was ihr denkt, erwiedert *Itifall*,
Und nennt mich rund heraus ein Thier aus *Circens* Stall.

89.

Ich bin in euerm Sinn ein Majestätenschänder,
Weil mir ein Weib – ein *Weib*, und keine *Göttin* scheint;
Vielleicht war eine Zeit, wo ich wie ihr gemeint:
Allein, ich sah seitdem viel Weiber und viel Länder;
Und ohne Prahlerey, mein Freund,
Sie gaben mir zu unzweydeut'ge Pfänder
Von ihrer Fehlbarkeit, um jemahls vor Grimassen
Und großen Wörtern mir den Muth vergehn zu lassen.

90.

Es wäre, deucht mich, unerträglich,
Wenn ich mir schmeichelte, sie könnten mir allein
Nicht widerstehn; man muß bescheiden seyn;
Drum schließ' ich so: Ich bin von Fleisch und Bein
Wie andre auch, was mir, ist jedem möglich;
Nun fand ich keine unbeweglich,
Vom goldnen Throne bis zum Stalle
Nicht Eine; *jede* wich, und also – weichen *alle*.

91.

Ich weigre zwar mich nicht, die Gaben,
Womit mich die Natur begünstigt, zu gestehn;
Man schmeichelt mir, ich sey für einen Knaben
Von Fechterart noch ganz erträglich schön:
Doch, glaubet mir, wir alle haben,
Mehr oder weniger, was sie am liebsten sehn.
Die Damen zwar gestehn nicht gerne dieß Gebrechen,
Allein die Kenner sollen sprechen!

92.

Was ich beschwören kann, ist, daß Kupido's Pfeil
Durch eine Marmorbrust wie durch die weichste dringet,
Und daß es uns mit Witz, Geduld und Weil'
Bey strengen Tugenden am sichersten gelinget.
Zwar wird (wie man im Liede singet)
Die Schönste gern dem Tapfersten zu Theil;
Doch pflückt auch oft *Medor* die Frucht von *Rolands* Tha-
ten,
Und was dem Riesen fehlt kann seinem Zwerg gerathen.

93.

Ein Neuling nur klagt über Grausamkeit:

Ich wiederhohl' es, Herr, sie lassen sich erbitten.
Die Unschuld? – Gut! die wohnt in Schäferhütten,
Und dort verirrt sie sich aus Unerfahrenheit.
Der andern Tugend lau'rt nur auf gelegne Zeit,
Und streckt die Waffen oft, eh' man sie noch bestritten.
Im sichern Hain, in stiller Grotten Nacht,
Hab' ich Vestalen schon zu was ihr wollt gemacht.

94.

Scheint euch, mein Herr, aus allem was ich sage,
Daß Itifall fürs reitzende Geschlecht,
Wie sehr es ihn entzückt, sehr wenig Ehrfurcht trage;
So denkt ihr wahr, und mir giebt die *Erfahrung* Recht.
S i e ist der Talisman, durch den ich alles wage,
Und den kein Stolz, kein Frost, kein Dräu'n noch Bitten
schwächt:
Man muß im Siege nur fein nachzugeben wissen;
Ihr Zorn verzehrt sich selbst, und stirbt zuletzt in Küssen.

95.

Doch zum Beweis, daß meine Theorie
Zu meinen Thaten stimmt, will ich euch was gestehen.
Gemeine Siege, Freund, Prinzessinnen und Feen,
Verloren längst den Reitz für meine Fantasie;
Sie kosten mir zu wenig Müh:
Mein Stolz hat sich ein Abenteu'r ersehen,
Wovor dem Tapfersten das Blut im Leib erstarrt,
Und welches zu bestehn *mir* aufgehoben ward.

96.

Die Dame, die mich reitzt, ist eine schöne Wilde,
So schön, als eine noch ein menschlich Aug' entzückt;
Doch so gefährlich auch, daß niemand sie erblickt,
Der auf der Stelle nicht zum seelberaubten Bilde

Erstarrt und marmorgleich die Gärten und Gefilde
Um ihr bezaubert Schloß bey tausend andern schmückt,
Die auf Gestellen von Rubinen
Der schönen Grausamen zu Siegesmählern dienen.

97.

So furchtbar die Gefahr, so groß ist auch der Lohn.
Denn wem es glückt sie ungestraft zu küssen,
Der träget, nach des Schicksals Schlüssen,
Den Feenthron mit ihrer Hand davon.
Von einem solchen Preis zur Hoffnung hingerissen,
Ließ mancher blöde Königssohn
Sein Leben hier, um sich die Ehre zu verschaffen,
Aus Augen von Achath die Göttin anzugaffen.

98.

Ihr seht das zweifelhafte Glück,
Dem ich mit diesem Schritt getrost entgegen gehe;
Denn Itifalln hält keine Furcht zurück,
Und wenn er eine Welt versteinert vor sich sähe.
Ihr denkt vielleicht, daß ich zu viel mich blähe;
Allein, wer kann dafür? Es ist nun mein Geschick,
Gleich hundert andern solchen Drachen
Von Tugend, auch *Zeniden* zahm zu machen.

99.

Zeniden? (ruft, aus halbem Schlaf erwacht,
Der Paladin betroffen aus) *Zeniden?* –
Sie selbst, fährt jener fort und lacht.
Es scheint, daß euch mein Muth für mich bekümmert
macht?
Ihr seht mich schon versteint; doch gebt euch nur zufrie-
den!
Die Sterne haben mir *der Sprödsten* Gunst beschieden:

Ich kenne mich; *mir widersteht allein*
(So sagt mein *Horoskop) ein Bild von Elfenbein.*

100.

Zeniden? ruft noch einmahl, mit Geberden
Worin Verwundrung sich mit Stolz und Hohn vermischt,
Der schöne Ritter aus, und rafft sich von der Erden:
Es lebe *Itifall,* und wer ihn angefrischt,
Durch seinen Fall berühmt zu werden!
Nehmt meinen Dank, daß ihr mir aufgetischt:
Der Tag bricht an; mich rufen andre Sorgen;
Sucht ihr *Zeniden!* – guten Morgen!

101.

Herr Ritter, wie so schnell? (versetzt
Der Held im Tiegerfell) und wie es scheint, entrüstet?
Hat euer ekles Ohr was ich gesagt verletzt?
Man dächte, daß ihr mehr von meiner Schönen wüßtet
Als mir gelegen ist? – Gut, thut was euch gelüstet,
Spricht *Idris,* der indeß zu Pferde sich gesetzt:
Laßt euch auf allen Fall die Reise nicht gereuen,
Und grüßet mir *Zenidens Papagayen.*

102.

Mit diesen Worten spornt er *Raspinetten* an,
Und eh' noch Itifall *Erläutrung* fordern kann,
Hat ihn sein Auge schon im Horizont verloren.
Und nun erwacht, so frisch wie neu geboren,
Der junge Tag, und aus den goldnen Thoren
Des Osten fährt mit flammendem Gespann
Der Gott des Lichts, beschwert mit Abenteuern.
Doch, eh' wir weiter gehn, soll hier die Muse feiern.

Zweyter Gesang.

1.

Indeß, daß *Itifall*, vom räthselhaften Ton
Der Drohungen des Ritters unbekümmert,
Zenidens Hofstatt sucht, und in Gedanken schon
Ein Diadem um seine Stirne schimmert,
Schießt *Idris* wie ein Pfeil durch Berg und Thal davon:
Als ihm aus einem Wald ein Ton entgegen wimmert,
Ein klägliches Getön, das seine Brust zerreißt,
Und ihn dem Leidenden zu Hülfe fliegen heißt.

2.

Dem Schreyen einer Frau, der man den Mund verhält,
Schien der gedämpfte Ton zu gleichen.
Wer wagt solch eine That? – Doch, dieses fragt kein Held;
Zum Schutz des schönen Volks durch seinen Stand be-
stellt,
Eilt er der Stimme nach, die immer scheint zu weichen,
Bis *Raspinett'* und er das offne Feld erreichen.
Und hier, welch ein Gesicht durchbohrt ihm Seel' und
Leib!
Der häßlichste *Centaur* entführt das schönste Weib.

3.

Ihr goldnes Haupthaar fliegt in aufgelösten Locken
Ums hangende Gesicht, in dessen holdem Rund
Vor Angst bereits die Purpursäfte stocken;
Es macht der starre Blick, der welke Rosenmund,
Die halb entblößte Brust, wie heftig sie erschrocken,
Und die Gewalt des schnöden Räubers kund:
Vergeblich zappelt sie, in seinen Arm geschlossen,
Und strebt mit schwachem Fuß ihn von sich wegzustoßen.

4.

Nicht ferne zeigt ein Schloß von hell poliertem Stahl
Von einer Felsenhöh' der Thürme goldne Zinnen;
Der *Harem* einer feinen Zahl
Von Königstöchterchen und jungen Königinnen,
Die zu Belebung stumpfer Sinnen,
Des Unholds Zauberkunst hierher zusammen stahl.
Er eilet, seinen Raub in dieses Schloß zu tragen,
Als ans gespitzte Ohr ihm diese Worte schlagen:

5.

Steh, Unthier, steh! entlade dich, so schnell
Als du dein Leben liebst, von deiner schönen Beute:
Wo nicht, so wehre dich um dein behaartes Fell!
So ruft der Held, und spornt sein Leibpferd in die Seite.
Doch jener schaut nur nicht was dieser Gruß bedeute,
Und trabt in vollem Lauf dem stählernen Kastell,
Der sichern Freystatt, zu, wo seine Geisterwachen
Der ganzen Ritterschaft der runden Tafel lachen.

6.

Es hätt' ihm auch geglückt, wenn *Raspinette* nicht
Die Blitze Jupiters im Nothfall überflöge.
Der Halbmensch fühlt bereits das schmetternde Gewicht
Des ritterlichen Schwerts und seine Donnerschläge,
Eh' er begreifen kann wer sich so sehr verwäge:
Er schnaubt mit flammendem Gesicht
Den Ritter an, läßt seine Beute fallen,
Und wiehert, daß davon die Felsen wiederhallen:

7.

Wer bist du, der du mit mir zu kämpfen sich vermißt?
Du, dessen Kinn durch seine feige Glätte
Beweist, daß Ammenmilch in deinen Adern fließt;
Flieg, sag' ich dir – und wenn in deiner Göttin Bette
Ein Gott an dir sich selbst erschöpfet hätte,
So flieh und rette dich, wenn dir zu rathen ist,
Eh' dieser Arm, vor dem *Giganten* schon gezittert,
Zu Brey dich schlägt und Maden mit dir füttert.

8.

So prahlet der Centaur und schnaubt,
Wie wenn im krummen Thal ein dumpfes Ungewitter
Von ferne braust; er schwingt den Kolben um sein Haupt,
Womit er weit umher viel untröstbare Mütter
Gemacht, und mancher Braut den Hochzeittag geraubt:
Doch kaum berühret ihn der unerschrockne Ritter
Mit seinem Schwert von Diamant,
So fällt der Kolben ihm zersplittert aus der Hand.

9.

Der Unhold schwankt zurück, starrt mit erschrocknem
Blicke
Den Ritter an, und findet, da er ihn
Für den erkennt, mit dem ihn sein Geschicke
Vorlängst bedräut, für rathsam abzuziehn:
Laut wiehernd dreht er sich, läßt seinen Raub zurücke,
Und trabt dem Walde zu. Der Ritter läßt ihn fliehn,
Und eilt, der schönen Frau, die starr und ohne Leben
Am Boden lag, wo möglich Trost zu geben.

10.

In diesem Augenblick stellt sich ein Hirt ihm dar,
Der an Gestalt *Bathyllen* und *Kombaben*

49

Den Vorzug nahm, und einen kleinen Knaben
Im Arme trug, so schön, wie Amor war
Als ihm die Grazien noch Brust und Nektar gaben.
Der blonde Schäfer wird der Dame kaum gewahr,
So eilt er auf sie zu, wirft sich zu ihren Füßen,
Und deckt den blassen Mund mit feuervollen Küssen.

11.

Er wärmet und begießt mit einem Thränenbach
Die kalte Brust, die blassen Wangen,
Umarmt und drücket sie, bis endlich allgemach
Von seinem zärtlichen Umfangen
Die Wangen und der Mund mit neuen Rosen prangen,
Der schöne Busen steigt, und ein erleichternd Ach
Aus seiner Wölbung preßt. Sie hebt die Augenlieder,
Erkennt den Hirten, schließt sie vor Entzücken wieder.

12.

Nichts rührenders ward jemahls auf der Scene
Bethränten Augen vorgestellt,
Als wie sich wechselweis der Schäfer und die Schöne,
Das treue Herz an Herz, umschlossen hält:
Sie sehn sich schweigend an, indem die Freudenthräne
Aus jedem schönen Aug' in großen Perlen fällt;
Die Lippen öffnen sich, und wissen vor Entzücken
Die Größe ihres Glücks nur stammelnd auszudrücken.

13.

Das schöne Schauspiel zu vollenden,
Theilt, der vergangnen Noth sich kindisch unbewußt,
Der kleine Liebesgott die mütterliche Lust.
Sie drückt ihn mit gefaltnen Händen
Bald an den Mund, bald an die frohe Brust,
Und kann von ihm die Augen nicht verwenden;

Ihr ist, nachdem sie ihn verloren
Und wieder fand, sie hab' ihn erst geboren.

14.

Von ihrer Freude ganz verschlungen,
Bemerken sie den Helden nicht,
Der ihnen diese Lust des Wiedersehns errungen;
Den Liebestrunknen zeigt das helle Sonnenlicht
Nichts als sich selbst; die angenehme Pflicht
Des Danks wird noch durch Regungen verschlungen,
Die, eh' sie wieder sanft in ihrem Ufer fließen,
Vom vollen Herzen sich zuvor ergießen müssen.

15.

Indessen steht der Held, auf seinen Speer gelehnt,
Dem süßen Lustspiel zuzuschauen;
Sein mitempfindend Herz, voll Menschlichkeit, verschönt
Sein Antlitz; edle Lust, der Lohn der Tugend, dehnt
Den Heldenbusen aus und macht die Augen thauen.
Indem entdeckt ein Blick der schönen Frauen
Den Schöpfer ihre Glücks; sie zeigt ihn ihrem Mann,
Und rühmet ihm den Muth, der sie errettet, an;

16.

Und beide werfen sich zu seinen Füßen hin,
Und können keinen Ausdruck finden,
Der ihm genug beweist, was sie für ihn empfinden.
Zu dem was ich gethan, (versetzt der Paladin
Und hebt sie zärtlich auf) verbinden
Des Ordens Pflichten mich von dem ich Mitglied bin,
Ja schon die Menschlichkeit. Das schwächere Geschlecht
Hat an des stärkern Schutz ein angebornes Recht.

17.

Zu dem war leichter nie ein Gegner zu besiegen;
Sein Kolben wurde kaum von meinem Schwert berührt,
So sah man ihn zu Sonnenstaub verfliegen,
Und ihn, den Pocher, selbst vom Winde weggeführt.
Ja, hätte gleich der Kampf mit Wunden mich geziert,
So hielt' ich, Freunde, das Vergnügen,
Das mir aus euern Augen strahlt,
Mit meinem Herzensblut zu theuer nicht bezahlt.

18.

Nur werdet ihr die Frage mir erlauben,
Mit welchen Nahmen ihr von mir zu ehren seyd?
So mögen uns des Glücks bewährter Zärtlichkeit
(Erwiedert ihm der Hirt,) die Götter nie berauben,
Wie *Lila* und *Zerbin* sich euch verbunden glauben.
Mein ganzes Leben, Herr, zu euerm Dienst geweiht,
Kann eure Wohlthat nicht vergelten;
Was ihr mir wieder gebt, ersetzen keine Welten.

19.

Nach tausendfacher Noth, und einem Prüfungsstand,
Worin wir Jahre lang mehr Ungemach erfahren,
Als *Psyche* mit den goldnen Haaren,
Nachdem ihr Vorwitz sie aus *Amors* Arm verbannt,
Hat uns der Liebesgott, dem wir geweihet waren,
Ein lächelnd Antlitz zugewandt;
Und würdigt, zum Ersatz der Qual die wir erlitten,
Mit aller seiner Gunst uns nun zu überschütten.

20.

In ungestörter Ruh, uns selbst die ganze Welt,
Und, gleich den Seligen im Elsyeerfeld,

Vergessen von der Welt und von ihr abgeschieden,
Mit einem stillen Glück zufrieden
Das keine Zeugen sucht und aus uns selber quellt,
Durch Göttermacht beschützt, von Sylfen und Sylfiden
Bedient, bemerkten wir, in einem steten Traum
Von Seligkeit, den Fluß der Stunden kaum.

21.

Die Macht, durch deren Gunst wir dieses Glück besit-
zen,
Fand nöthig unsern Aufenthalt,
Den um und um ein stiller See umwallt,
Durch einen Talisman vor Überfall zu schützen;
Um die vereinigte Gewalt
Der ganzen Welt zu Boden hinzublitzen,
Wird eine *Lampe* nur gedrückt,
Die einst *Aladdins*[7] war, und *mich* nunmehr beglückt.

22.

Mit diesem Beystand hielt ich sonder Wall und Mauren
Mich sichrer als ein Kind auf seiner Mutter Schooß;
Wir setzten unbesorgt den Augen des Centauren
Uns, Arm an Arm, am Gegenufer bloß.
Doch zur Behutsamkeit ist keine Macht zu groß;
Ein übermannter Feind kann hinter Hecken lauren:
Was niemand offenbar zu wagen sich vermißt,
Gelang dem *Wolkensohn*[8] durch List.

23.

---

[7] S. die Wunderlampe in den Arabischen Erzählungen.

[8] Die Centauren waren (nach einigen Mythologen) Söhne des Ixion und einer
Wolke, welcher Juno ihre eigene Gestalt gegeben hatte, um sich den
Unternehmungen dieses verwegnen Sterblichen zu entziehen.

Sein Anschlag, über mich in *Lila's* Arm zu siegen,
War, wie der Ausgang wies, auf dieses Kind gebaut:
Dieß Püppchen, unsre Lust, in dessen weichen Zügen
Ein jeder unter uns mit doppeltem Vergnügen
Des andern Bild in seinem eignen schaut.
Zwei Sylfen ward es heut von *Lila* anvertraut,
Die im Citronenwald, wo sich die Lüfte kühlten,
Der Kindheit frohes Spiel mit ihm im Grase spielten.

24.

Auf einmahl hören sie mit wirbelndem Getön
Den lieblichsten Gesang aus nahen Zweigen dringen;
Sie schauen auf, woher die süßen Töne klingen,
Und sehn vor sich den schönsten Vogel stehn:
Es war ein Kolibri, mit Gold- und Purpurschwingen,
Man konnte schöners nicht als sein Gefieder sehn.
Sein bunter Schimmer reitzt den Knaben,
Er zittert vor Begier das Vögelchen zu haben.

25.

Der kleine Sänger merkt's, fliegt willig zu ihm hin,
Und stellt sich als ließ' er gern sich haschen;
Er thut so zahm, den blühenden Schasmin
Aus seiner Hand mit losem Pick zu naschen,
Und scherzt, und buhlt so frey als kennt' er ihn
Von langem her; doch ihn zu überraschen
War keine Möglichkeit, und eh' sie sich's versahn,
Blitzt sie sein funkelnd Aug' am andern Ufer an.

26.

Der Knabe weint und hört nicht auf zu klagen,
So sehr bezaubert ihn des bunten Vogels Pracht,
Bis seine Sylfen ihn ans andre Ufer tragen.

Die Unbehutsamen! Sie hatten nicht bedacht,
Daß es gefährlich sey, sich außerhalb der Macht
Des Talismans, der uns beschützt, zu wagen.
Kaum hat ihr leichter Fuß des Feindes Park berührt,
So fühlen sie im Sturm sich durch die Luft entführt.

27.

Indeß der Knabe nun des kleinen Spielgesellen
Sich kindlich freut und alles sonst vergißt,
Wird seine Wiederkunft vermißt.
Die Mutter sucht ihn selbst, wo nur zu suchen ist,
Im Hof, im Blumenhain, in allen Gartenstellen,
In Grotten, im Gebüsch, bey allen Quellen,
Doch weder Kind noch Sylfe zeigt sich ihr.

28.

Zuletzt besinnt sie sich, daß man auf einem Nachen
Zum Schwanenhaus ihn oft zu führen pflegt.
Sie schaut am Wasser hin; da wird sie einen Drachen
Jenseits des Sees gewahr, der im weit offnen Rachen
Den Liebling ihrer Brust tief ins Gebüsche trägt.
Es war ein Blendwerk nur, durch Zauberey erregt,
Ein Luftgespenst, das ihre Augen täuschte;
Doch *Lila* hörte nichts als was die Mutter heischte.

29.

Das Leben, das die starren Glieder
Vor Schrecken schon verließ, giebt ihr die Liebe wieder;
Sie stürzt sich in die Flut und schwimmt ans andre Bord;
Doch, da sie es erreicht, war Kind und Drache fort.
Sie rennt auf seiner Spur im Walde auf und nieder,
Und denkt vor Angst nicht eher, welchem Ort
Sie sich vertraut, bis, vom Gebüsch verstecket,
Ein wiehernd Lachen ihr den nahen Feind entdecket.

30.

Indessen hallt, da Kind und Mutter fehlt,
Mein kleines Haus von lauter Jammer wieder.
Ich flieh' der Lampe zu; der Geist, der sie beseelt,

Erscheint im Donner, und erzählt
Mir alles, was geschah, wirft drauf sich vor mir nieder,
Und weiht, nach seinem Brauch, sich selbst und seine Brüder
Zu meinem Dienst; doch schwört er mir dabey,
Daß des Centauren Sitz ihm unzugangbar sey.

31.

Er spricht: Kein Zauberer, selbst den nicht ausgenommen,
Der auf dem *Atlas* wohnt, vermag ihm beyzukommen;
Die ganze Geisterwelt wird nur von ihm verlacht:
Ein junger Ritter ist's, dem das Gestirn die Macht
Ihn zu vertilgen zugedacht,
Und dieser ist zum Glück itzt eben angekommen.
Sey guten Muths! dein Sohn ist unversehrt,
Und dem Centauren wird bereits die Flucht verwehrt.

32.

Mit diesem schlang der Geist den Arm um meine Hüften,
Und plötzlich fand ich mich in diesen Park versetzt.
Das erste, was darin mein suchend Aug' ergetzt,
War *Zerbinet*, mein Sohn, der unverletzt
Auf Asfodilen schlief, die sonst den Schlaf vergiften;
Doch Weste wehten ihn mit frischen Balsamdüften
Gesunden Schlummer zu: ich hob erfreut ihn auf,
Und eures Zweykampfs Lärm beschwingte meinen Lauf.

33.

Das andre wißt ihr selbst. Und o! gebenedeiet
Sey Stund' und Augenblick, in welchem euer Muth
Mein andres Ich aus dieser Noth befreyet!
Der Wohlthat Größe gleicht dem Gut
Das ihr mir wieder schenkt, und jeder Tropfen Blut,
Der diese Adern schwellt, sey euch dafür geweihet!
Geliebt zu seyn braucht ihr euch nur zu zeigen;

Doch unsre Herzen macht euch Pflicht und Neigung eigen.

34.

Soll aber dieses Tags Verdienst vollkommen seyn,
So lasset euch die edle Müh nicht dauren,
Die Königstöchter zu befreyn,
Die noch im Zauberschloß des üppigen Centauren,
Als Opfer seiner Lust, um ihre Freyheit trauren:
Denn dieses Abenteu'r gehört für euch allein.
Herr Ritter, folget mir! Mein Weib besorgt indessen
Auf unsre Wiederkunft ein ländlich Abendessen.

35.

Der Paladin, den nichts so sehr erhitzt
Als schöner Thaten Reitz, läßt sich nicht zweymahl laden.
Sie wandern lang' auf ungebahnten Pfaden,
Bis ihnen auf der Höh' das Schloß entgegen blitzt,
Das seiner Thürme Last auf goldne Pfeiler stützt.
Das Feldgeschrey der *Satyrn* und *Mänaden*
Scheint ihnen schon von fern Bewohner anzukünden,
Die ihre Fröhlichkeit an keine Regeln binden.

36.

Kaum stieß ans erste Thor, das ihm entgegen stand,
Des Ritters Wunderschwert, so war es aufgeschlossen.
Sie gehn hinein; da kommen zwey *Molossen*,[9]
Aus Silbererz durch Zauberkunst gegossen,
In voller Wuth laut bellend angerannt:
Der Löwen Grimm, die durch den glüh'nden Sand
Numidiens mit dürrem Rachen streichen,
Und Plutons Hofhund selbst muß diesen Hunden weichen.

---

[9] Große Schafhunde, von dem Distrikt Molossus in Epirus, wo ihre Rasse
einheimisch war, so genannt.

37.

Doch *Idris* zückte nur den Degen gegen sie,
So blieben sie erstarrt und unbeweglich stehen;
Nichts wehrt ihm nun durch Hof und Gallerie
Ins innre Schloß hinein zu gehen.
Was zügellose Fantasie,
Was Zauberey vermag, war hier vereint zu sehen:
Ein jeder Gegenstand, ein jeder Winkel beut
Versuchungen zu schnöder Üppigkeit.

38.

Dem Gott des Weins, und dem, auf dessen Pfahl
Einst üblich war die Bräute Roms zu wiegen,
Wird hier ein großes Bacchanal
Gefei'rt: man singt, und jauchzt, und stampft den Marmor-
sahl;
Es rauschen Bäche Weins aus umgestürzten Krügen
Den Überwundnen zu, die schon zu Boden liegen;
Selbst Freunden, welche sonst verschämt in Grotten fliehn,
Bekümmert man sich nicht den Augen zu entziehn.

39.

Die Sitten dieser wilden Herde
Erhebt bey vielen noch die zwittrische Figur;
Den Menschen gleichen sie bis an den Gürtel nur,
Die andre Hälfte stampft mit hartem Huf die Erde:
Man zeigt die freche Stirn und üppige Geberde
Mehr von der wiehernden als menschlichen Natur.
Ihr Frauenvolk sogar, erhitzt von Tanz und Wein,
Scheint stolz auf seine Schmach, anstatt beschämt zu seyn.

40.

Die Schönste dieser Mitteldinge
Von Menschen und von Vieh wirft auf den Paladin
Mit offnen Armen sich wie eine Trunkne hin;
Doch weder ihres Haars gelockte schwarze Ringe,
Noch die gewölbte Brust erschüttert seinen Sinn.
Kaum zieht er sich bestürzt aus dieser Schlinge,
Als eine andre schon, gefühlt bevor erblickt,
Ihn brünstiglich an ihren Busen drückt.

41.

Er ringet noch mit ihr, da schon ein neuer Schwarm
Bezechter Nebenbuhlerinnen
Ihn um und um bestürmt. Die Menge macht ihm warm
Und wärmer noch ihr üppiges Beginnen.
Er sucht umsonst die Thüre zu gewinnen,
Ihm bleibt zum Schirm allein sein Degen und sein Arm.
Gezwungen zieht er itzt das Flammenschwert der Feen:
Sie sehen's, wollen fliehn, und bleiben plötzlich stehen.

42.

Sie bleiben stehn, und keines rührt sich mehr
Als sich ein Todter rührt; sie scheinen nur zu leben;
Von Athem ist die Brust, von Gluth das Auge leer,
Und in den Stellungen, worin sie ungefähr
Der Zauber überfiel, muß jedes ewig schweben.
Der Sieger kann sich nun, wohin er will, erheben;
Das ganze Schloß gleicht einer Todtengruft,
Und nur der Wiederhall antwortet, wenn er ruft.

43.

Itzt führet ihn *Zerbin* durch viele offne Zimmer,
Von denen eines stets an Aufputz, Pracht und Schimmer
Das andre überstrahlt, durch manchen Säulengang,

Und manchen Sahl, so hoch und lang
Und reich an goldnem Glanz, als immer
Augusta's[10] Fürstensahl. Bald wird dem Ritter bang,
Aus dieses Labyrinths *Dädalischen* Gewinden
Zuletzt den Ausgang nicht zu finden.

44.

Doch geht er fort, bis ihm ein Thurm von schwarzem Stein
Den Weg versperrt. Hier muß, spricht sein Begleiter,
Dem Ansehn nach, ein Kerker seyn;
Der Tag ist hier verbannt, kaum macht der todte Schein
Von einer Lampe noch den finstern Zugang heiter;
Auch seh' ich keine Thür. Doch, hier ist eine Leiter!
Wir wollen – Nein, spricht *Idris*, laß sie stehn,
Erspare dir die Müh, ich kann durch Mauern gehn.

45.

Er sagte nicht zu viel: so bald der Zauberdegen
Den Thurm berührt, so gähnt der Stein und springt.
Beym schwachen Schein, der in die Öffnung dringt,
Däucht sie als sähen sie im Dunkeln was sich regen.
Sie nähern sich, bis sie erkennen mögen,
Es sey ein Frauenbild, das seine Hände ringt.
Erschrocken fährt sie auf, indem die schwarzen Mauren
Sich öffnen, denn sie meint sie sehe den Centauren.

46.

Sie fällt, ganz außer sich, auf ihre Knie und faltet
Die Hände auf die Brust; ihr banges Auge rollt,
Und ungeflochten fliegt der langen Haare Gold
Um Stirn und Nacken her. – Ist deine Wuth erkaltet,
Ruft sie mit einem Ton, der fast die Felsen spaltet,

---

[10] Der große Sahl auf dem Rathhause zu Augsburg.

So sey nur dieses Mahl dem Flehn der Unschuld hold;
Gieb mir den Tod, Tyrann! Du kannst mir sonst nichts geben
Das mir erträglich ist; ich will nicht länger leben.

47.

Sey ruhig, schönes Kind, antwortet ihr der Held,
Dein Leiden ist vorbey und dein Tyrann gefällt;
Dieß Schwert, das nur den Bösen schrecklich blitzet,
Hat Unschuld stets gerächt und Schönheit oft geschützet.
Er spricht's, indeß sein Arm sie freundlich unterstützet.
Die Schöne, die beynah für einen Gott ihn hält,
Beginnet nun sich allgemach zu fassen,
Und wagt's, auf sein Gesicht, sich ihm zu überlassen.

48.

Sie folgt, doch wankend noch, dem Ritter in den Sahl,
Wo, wie er es verließ, das ganze Bacchanal
Gleich Bildern schwebt, die *Püget* oder *Nahl*
Aus Stein zum Daseyn aufgewecket,
Und sie, bis ihre Hand der Augen Wahn entdecket,
Mit nachgeahmtem Leben schrecket.
Nun schaut sie dreister auf; doch gleiten ihre Augen
Sogleich von Gruppen ab, die nicht für Mädchen taugen.

49.

Allein wie stutzet *Idris* nicht,
Da sie auf der Centauren einen
Mit offnen Armen eilt, und einem Angesicht,
Worin ein Freudenstrahl mit Thränenwolken ficht!
Wie sie ans Herz ihn drückt! Ihr solltet wirklich meinen,
Sie werde sich mit ihm versteinen.
So find' ich, ruft sie aus, so find' ich, noch zuletzt
Dich, ohne den ich mir zu sterben vorgesetzt!

50.

Doch, Götter! ach, wie findet *Dejanire*
Den Liebling ihrer Brust? – Verwandelt und erstarrt?
Wie? kalt in meinem Arm? entseelt? – und ich verliere
Das Leben nicht, das mir zur Qual erhalten ward?
Unsel'ger Prinz von *Kaschemire!*
O warum wurd' ich nicht im Meeresgrund verscharrt!
O warum raubtet ihr mit grausamem Erbarmen,
Verhaßte Sterne, mir den Tod in seinen Armen!

51.

So ruft sie kläglich aus, indem ein Thränenguß
Sein starres Auge wäscht und seine Marmorwangen.
Umsonst! Er fühlet nicht den liebevollen Kuß,
Erwiedert nicht ihr brünstiges Umfangen!
Den Ritter schmerzt so sehr was sie erdulden muß,
Daß große Tropfen ihm an beiden Backen hangen;
Jedoch *Zerbin* haucht ihnen Hoffnung ein:
Das Übel, spricht er, kann vielleicht noch heilbar seyn.

52.

Der Prinz von *Kaschemir'*, wie ihn Madame nennet,
Ward, wie es scheint, von ihr durch einen Sturm getrennet?
So ist es! schluchzt die Frau: ihm hatte mich zur Braut
Der Sultan von *Katay*, mein Vater, angetraut.
Zu unsrer Reise ward das schönste Schiff gebaut;
Der Abschied war betrübt, doch, wie ihr denken könnet,
Verkehrte noch vor Untergang der Sonne
Die Aussicht unsers Glücks die Traurigkeit in Wonne.

53.

Im Anfang ging es gut, das Schiffsvolk sang und schrie,
Die Luft war hell, die Winde günstig;
Drey Tage flohn vorbey wir wußten selbst nicht wie,
Denn niemahls liebten wohl Verlobte sich so brünstig.
Allein, am vierten Tag (den Tag vergeß' ich nie!)
Umzog der Himmel sich, die Luft war schwül und dünstig
Und still wie eine Gruft. – Wir dachten noch an nichts,
Da raubt' auf einmahl uns ein Sturm den Quell des Lichts.

54.

Die Dichter haben schon so manchen Sturm beschrieben,
Daß ein Gemählde hier auch wohl entbehrlich däucht!
Wir wurden Tag und Nacht von Winden umgetrieben;
Doch, Herzen, die sich zärtlich lieben,
Wird, sind sie nur vereint, das größte Unglück leicht.
Inzwischen hatten wir das Ufer fast erreicht;
Wir unterschieden schon den Himmel und die Flur,
Als plötzlich unser Schiff an eine Sandbank fuhr.

55.

In dieser Noth war unter unsern Leuten
Auf eigne Sicherheit ein jedes nur bedacht:
Mein Prinz allein wich nicht von meiner Seiten,
Und schwor, bis in die ew'ge Nacht
Des Todtenreichs mich freudig zu begleiten.
Er hatte mich am Mastbaum fest gemacht,
Und hoffte neben mir durch Schwimmen
Das nahe Ufer zu erklimmen.

56.

Wir nahten schon dem Strand, der einer Zunge glich
Die weit hervor ins Meer sich reckte,

Als plötzlich ein Gebirg gezackter Wellen sich
Auf uns herunter stürzt' und mich und ihn bedeckte:
Es riß den Prinzen fort; vergebens kämpft' er, streckte
Vergebens aus der Flut die Arme gegen mich;
Er wurde durch den Schwall der aufgebrachten Wogen
Lang' auf- und abgewälzt, und meinem Aug' entzogen.

57.

Vor Angst und Schmerz entseelt, empfand
Ich itzt mich selbst nicht mehr, und weiß sonst nichts zu
sagen,
Als daß ich mich am muschelvollen Strand,
Wohin die Wellen mich vermuthlich hingetragen,
In eines Ungeheu'rs behaarten Armen fand.
Bey meinem Jammer kalt und stumm zu meinen Fragen,
Doch (schwor er) desto mehr von meinem Reitz gerührt,
Hat er mich mit Gewalt in dieses Schloß entführt.

58.

Hier sah ich Frauenvolk durch Hof und Gärten streichen,
Geraubt, wie ich, und nun des Unholds Zeitvertreib:
Der obre Theil bis zu den schmalen Weichen
Versprach ein anmuthsvolles Weib;
Von ihrem Falle trug der Rest die schnöden Zeichen,
Ein langer Roßschweif schloß den viergebeinten Leib.
An jeder, welche sich zu seinem Willen schmieget,
Wird die verrathne Zucht auf diese Art gerüget.

59.

Das Ungeheuer ließ kein Mittel unversucht,
Zu seinem Willen mich zu bringen:
Liebkosung und Gewalt blieb beides ohne Frucht;
Er fand, es lassen sich Prinzessinnen nicht zwingen.
Einst wollt' ich, weil er mir zur Flucht

Sonst jeden Weg versperrt, aus einem Fenster springen;
Zum Unglück hascht' er mich im Fallen noch beym Bein,
Und schloß mich in die Gruft, wo ihr mich fandet, ein.

60.

Gut! rief *Zerbin*, was *Dejanire* sagt,
Scheint mir das Abenteu'r des Prinzen aufzuschließen.
Vermuthlich hat er sich in dieses Schloß gewagt,
Und seine Noth den Damen mit vier Füßen,
Die vor uns stehn, so rührend vorgeklagt,
Daß sie zu seinem Trost sich milder finden ließen
Als dem Centaur gefiel. So etwas muß es seyn! –
Ihr rathet unverschämt, fiel die Prinzessin ein:

61.

Mein Prinz mir ungetreu? Er, der so oft geschworen,
Daß er für mich allein geboren,
Daß ich allein sein Herz zu rühren fähig sey,
Er, *Dejaniren* ungetreu?
Und hätt' ihn auch das schwesterliche Drey
Der Grazien zum Liebling auserkohren,
Ja *Melusine* selbst ihr Netz für ihn gespannt,
Sie hätten mir sein Herz, das glaubt mir, nicht entwandt.

62.

Prinzessin, wie man sagt, so giebt's besondre Fälle,
Erwiedert lächelnd unser Hirt:
Das Herz kann schuldlos seyn, indem der Sinn verirrt.
Dieß trägt euch Damen oft, und manche *Mirabelle*[11]
Mißkennt der Inbrunst ächte Quelle,
Durch deren süße Wuth sie hingerissen wird.
Die Schönen dieses Hofs sind von bekannter Güte,

---

[11] Nahme einer Fee in dem bekannten Mährchen Biribinger.

Und ihre Forderung ging schwerlich – aufs Gemüthe.

63.

Auf allen Fall kann uns des Ritters Schwert
Der Sachen wahren Grund entdecken:
Ist euer Prinz getreu und eurer Liebe werth,
Und blieb sein Herz zum mindsten ohne Flecken,
So ist es leicht vom Schlaf ihn aufzuwecken.
Berührt ihn nur, Herr Ritter, wo das Pferd
Sich in den Mann verliert, dreymahl mit eurer Klinge,
Und wenn er schuldlos ist, so sehr wir Wunderdinge.

64.

Die schöne *Dejanir'* erblaßt,
Da unser Held den Griff des Zauberdegens faßt.
Ihr schaudert innerlich. – Wie, wenn er Marmor bliebe?
Welch Unglück! Welche Schmach für ihre reinen Triebe!
Sie zieht ihr Kopftuch von Damast
Vor ihr Gesicht, und ruft im Übermaß der Liebe:
Könnt ihr ihn ja nicht ganz mir wieder geben,
So schenkt, ihr Götter, ihm – nur wenigstens das Leben!

65.

Solch ein Gebet verdient erhört zu seyn.
Kaum rührt das Schwert ihn an, so regt sich der Stein,
Das neue Leben rauscht durch die erwärmten Glieder,
Die Lungen dehnen sich, die Augen sehen wieder,
Und sehn – Ah! täuschet mich ein Schein?
Ihr Götter! ruft er aus, und wirft beschämt sich nieder.
Doch *Dejanire* sieht (die holde Kreatur!)
Nicht den *Centaur* in ihm, sieht ihren Liebling nur.

66.

Sie fliegt in seinen Arm und drückt ihn mit Entzücken
An ihr hoch schlagend Herz, so zärtlich, so verliebt,
Daß sie dem Prinzen Sorge giebt,
Sie möchte sich und ihn vor Zärtlichkeit ersticken.
Indem er mit der Hand sie sanft zurücke schiebt,
Beschaut er seitwärts sie mit halb geschloßnen Blicken
Vom Gürtel bis zum Fuß, und sieht (beschämt vielleicht,
Doch ohne Gram) wie wenig sie ihm gleicht.

67.

Und nun beginnt er ihr umständlich zu erzählen,
Wie er den Strand erreicht, und dreymahl Tag und Nacht
Mit einem Schmerz, wozu ihm Worte fehlen,
Sein Liebstes auf der Welt zu suchen zugebracht.
Wie er hierher verirrt, und wie durch Zaubermacht
Sich eine Fee bemüht ihr seine Treu' zu stehlen;
Wie stark sie ihn versucht, wie streng er sie behandelt,
Wie grausam sie getobt, und – wie sie ihn verwandelt.

68.

Ob sein Bericht durchaus so zuverlässig war
Als *Dejanir'* ihn nahm, das können wir nicht wissen.
Zwar hätte sich *Zerbin* die Lippen fast zerbissen,
Und lächelnd zog den Mund der *Paladin* sogar;
Allein das gute Kind fand alles sonnenklar,
Und gab sich viele Müh ihn gutes Muths zu küssen:
Sie schwor bey Amors Pfeil und bey Dionens Taube,
Daß sie zufrieden sey, und daß sie alles glaube.

69.

Ihr däucht sogar daß ihm sein Schweif recht artig stand,
Und daß kein Hirsch so schlanke Beine habe;
Kurz, ihrem Urtheil nach, war er ein feiner Knabe;

Je mehr sie ihn besah, je mehr sie Reitze fand.
Was ist so ungestalt, das Amors Zauberband,
So lang' der Irrthum dau'rt, mit Anmuth nicht begabe?
Sah nicht *Titania* in liebeskrankem Wahn
Den Esel *Klaus* für einen Sylfen an?[12]

70.

Daß seine Pferdgestalt den Prinzen mächtig ziere,
Gesteht *Zerbin* der Dame höflich ein;
Doch, ob der Hof zu *Kaschemire*
Bey seiner Wiederkunft die gleiche Meinung führe,
Das, meint er, möchte wohl noch eine Frage seyn.
Zum Wechsel eines Staats sey oft die Ursach' klein;
Ein Roßschweif, welcher einst das Waffenglück der Türken
Entschieden, könnte leicht des Prinzen Fall bewirken.

71.

Mir scheint (so fuhr er fort) zu eurer Sicherheit
Der beste Rath, die Füße nicht zu sparen,
Zumahl da ihr so wohl beritten seyd.
Es wohnt ein Zauberer mit silbergrauen Haaren
Auf dem bewölkten Haupt des *Atlas* eingeschneit;
Ein Mann, der alles weiß, im Himmel so erfahren
Als wär' er da zu Haus; ihm sind im Ocean,
In Feuer, Erd' und Luft die Geister unterthan.

72.

Den sucht und fragt um Rath; wenn *der* es thunlich findet,
Ist die Entzauberung des Prinzen leicht geschehn.
Dem fürstlichen Centaur scheint dieser Rath gegründet,
Und ohne Zeitverlust entschließt er sich zu gehn.
Die Schöne, von Begier entzündet,

---

[12] Shakespeares Titania im St. Johannis Nachtstraum.

Den alten Zauberer und seinen Bart zu sehn,
Dankt ihren Rettern sehr, springt auf des Prinzen Rücken,
Schlingt jeden Arm um ihn, und fliegt aus ihren Blicken.

73.

Der Paladin, der nun sein ritterliches Amt
In diesem Schloß vollbracht zu haben glaubet,
Läßt alle übrigen der Wirksamkeit beraubet.
Von lechzender Begier, wie *Tantalus*, entflammt,
Wie *Tantalus* zum Durst am Quell der Lust verdammt,
Bewegungslos am Boden angeschraubet,
Steht oder liegen sie, und warten sehnsuchtsvoll
Bis einst der Ritter kommt der sie erlösen soll.

74.

Hier streckt ein *Faun* den vollen Becher
Der Nymfe dar, die ihm zu Küssen winkt:
Vergeblich leert Kupido seinen Köcher
Aus ihrem Aug' auf ihn; der ungereitzte Zecher,
Dem Cyperns Most entgegen blinkt,
Gafft lachend ihr ins Aug' und – trinkt,
Doch in Gedanken nur; denn unvermuthet wehren
Die starren Nerven ihm den Becher auszuleeren.

75.

Dort tanzen in vermischten Reih'n
Mit *Chirons* Brüderschaft halb nackende *Mänaden*,
Indeß nicht weit davon in frisch gepreßtem Wein
Zwey Satyrn ihre Kehlen baden:
Schnell stürzt des Weingotts Wuth sie in den Tanz hinein,
Und jeder faßt bey ihren runden Waden
Zwey Nymfen auf, hebt sie so hoch er kann;
Und lacht aus weitem Mund der That die er gethan.

76.

Schnell überrascht, entgeistert sie
Des Zauberdegens Blitz: mit eitelm Widerstreben
Bleibt, Bildern gleich, die ganze Gruppe schweben;
Doch, glühenden Affekt und nachgeahmtes Leben
Gab *Buonarotti* selbst dem Stein von Paros nie.
Die Tänzer fliegen noch; mit angestrengtem Knie
Scheint jede Nymfe sich noch zappelnd los zu machen,
Und das getäuschte Ohr hört fast den Satyr lachen.

77.

Dort hält ein junger Faun, von Sehnsucht glühend heiß,
Auf weichem Kanapee das schönste Kind umfangen;
Wie sträubt sie sich, die Blöde, die nicht weiß,
Daß Faunen nur durch Sträuben mehr erlangen.
Sie dreht den Kopf, und giebt, um Mund und Wangen
Ihm zu entziehn, den vollen Busen Preis:
Der Faun, mit diesem Tausch zufrieden,
Scheint eher sie als sich mit Küssen zu ermüden.

78.

Sie seufzt, sie windet sich; doch mitten im Bemühn,
Den Unternehmungen des Feinds sich zu entziehn,
Der immer kühner wird, gebricht es ihr am – Willen.
Der Schlaue weiß die Kunst der Spröden Zorn zu stillen,
Und siegt, nach Parther Art, im Fliehn:
Schon sieht er matte Gluth ihr sterbend Aug' erfüllen,
Schon glitschen ihre Knie, schon sinkt ihr Arm zurück,
Und seinem Siege fehlt nur noch ein Augenblick.[13]

---

[13] Das Original von diesem Gemählde befindet sich ungleich stärker gezeichnet
und koloriert in Marino's Adone, C. VIII. 55, 59, 60.

79.

In diesem Augenblick entführt der Zauberdegen,
Der hier kein Leben übrig läßt,
Der Nymfe das Gefühl, dem Jüngling das Vermögen.
Ein Anblick, Herzen von Asbest,
Und nicht *Schach-Baham* nur, zum Weinen zu bewegen!
Der Ritter, von Natur und Ahnungen gepreßt,
Mißbilligt bey sich selbst die Härtigkeit der Feen,
Und bleibt gedankenvoll bey dieser Gruppe stehen.

80.

Er setzet sich an ihre Stelle hin:
Wie, wenn nun endlich sich Sie, deren Sklav' ich bin,
Um die ich schon so lang' im stillen Gram zerfließe,
Wie wenn *Zenide* sich dereinst erweichen ließe;
Ihr schmelzend Auge mich nun alles hoffen hieße
Was so viel Treu' verdient, und irgend ein *Merlin*,
Wenn ich bereits mich halb vergöttert fühlte,
Uns einen Streich wie diesen beiden spielte?

81.

Indem er sich in diesem Traum verliert,
Macht ihn sein Freund den Abendstern bemerken,
Der schon zum Sfärentanz die Sterne aufgeführt.
Nach allen ritterlichen Werken,
Womit er diesen Tag geziert,
Ist's, spricht er, Zeit, den Leib durch Pfleg' und Ruh zu stär-
ken.
Für Helden eurer Art ist zwar mein Dach zu schlecht,
Doch eure Gütigkeit giebt mir zu hoffen Recht.

82.

Der Ritter, von *Zerbins* verbindlichem Betragen,

Gestalt und Ton gerührt, in dessen sanftem Klang
Was sympathetisches ihm in die Seele drang,
Bedenkt sich nicht, ihm dankend zuzusagen,
Ob seiner Reise Zweck ihn gleich zu eilen zwang.
Sie gehen aus dem Schloß; da kommt ein Muschelwagen,
Sehr schön geschnitzt, gemahlt, lackiert, vergoldt,
Auf leichten Rädern angerollt.

83.

Den Wagen ziehn zwey schwanenweiße Pferde,
Von jener Art, wovon *Virgil* uns singt,
Daß sie auf steilen Höh'n, wenn sich die Welt verjüngt,
Von Zefyrs Hauch empfangen werde;
So schnell verschlingt ihr Flug die kaum berührte Erde.
Ein Sylfenpaar, gelblockig, goldbeschwingt,
Schwebt nebenher, der Pferde Flug zu leiten,
Und *Raspinette* trabt mit stolzem Gram zur Seiten.

84.

Sie sitzen ein, der Wagen fleugt
In sanftem Sturm davon; nach wenigen Sekunden
Ist Schloß und Wald aus ihrem Blick entschwunden;
Schon nahen sie dem See aus dem die Insel steigt,
Worin *Zerbin* vor dem der ihn gezeugt
(Dem Feinde seines Glücks) geheimen Schutz gefunden;
Der holde Sitz, den, ohne fremde Pracht,
Natur und Liebe schon zum Paradiese macht.

85.

Nichts schöners hat, nach tausendfacher Noth,
Erschöpft vom langen Kampf mit nie geprüften Wellen,
In deren jeder euch ein neuer Tod bedroht,
Standhafter *Anson*, dir und deinen Schiffsgesellen,
Vom Mast herab entdeckt, verschönt vom Morgenroth,

Das zaubrische Gemisch von Felsen, Wasserfällen,
Leicht schattendem Gebüsch, und Thal und Blumenfeld
In *Juan Fernandez* dargestellt:

86.

Nichts schöners, machte gleich die lechzende Begierde
Nach frischer Luft und lang' entbehrtem Grün,
Daß mancher Gegenstand, der sonst kaum rühren würde,
Dem freudetrunknen Sinn ganz überirdisch schien;
Die Quelle trinkbar Gold, der Auen grüne Zierde
Smaragd, der Lüfte Hauch Violen und Schasmin;
Däucht den Entzückten gleich, daß Hügel und Gefilde
Was glänzenders als Sonnenschein vergülde.

87.

Ein neuer nachgeahmter Tag
War durch der Sylfen Kunst der Insel aufgegangen;
Mit Lampen ohne Zahl war jeder Baum behangen,
Bey deren buntem Schein, verstärkt vom Widerschlag,
Wie ein Elysium den Augen offen lag:
Erweckt vom ersten Schlummer sangen
Die Vögel überall zum neuen Tag hinauf,
Und jede Blume schloß den holden Busen auf.

88.

Der Paladin, wiewohl das Herrlichste auf Erden
Zu hören und zu sehn von Kindheit an gewöhnt,
Scheint doch entzückt hiervon zu werden,
Weil die Erinnerung der zauberischen Gärten,
Wo seine Augen oft *Zenidens* Brust bethränt,
Ihn unvermerkt beschleicht, und was er sieht verschönt:
Er glaubt halb träumend sich dahin versetzt zu sehen,
Und überläßt sich ganz den täuschenden Ideen.

89.

Ihn däucht, die Göttin sitz' an einer Myrtenwand
Von Rosen überwölbt, und er zu ihren Füßen.
Er zittert fast, des Anblicks zu genießen
Der ihn zur Qual entzückt; wie scharf, wie unverwandt
Sucht er in ihrem Blick der Gegenliebe Brand!
Umsonst! Ihr Lächeln kann die Marter nicht versüßen
Sich ungeliebt zu sehn; sie liebt ihn nur aus Pflicht,
Und ihr gelaßnes Herz theilt sein Entzücken nicht.

90.

Kann nichts, (so ruft er aus, und hat vor Schmerz verges-
sen,
Daß ihn ein fremder Zeuge hört)
Kann all mein Leiden denn nur Mitleid dir erpressen,
Und ist der Liebe Glück auf ewig mir verwehrt?
Hier bricht er ab – läßt gleich sein Freund ihn ungestört
In seinen Traum versenkt. Der Wagen hält indessen
Am Ufer, wird ein goldner Kahn,
Und jedes Pferd ein lang gehalster Schwan.

91.

Das Abenteuerlichste was *Arioste* dichten
Ließ alles, was bisher dem Ritter widerfuhr,
So weit zurück als jenes die Natur;
Drum weckt ihn auch aus seinen Traumgesichten
Dieß neue Wunder nicht. Die schöne *Lila* nur
Hat Reitz genug den Zauber zu vernichten,
Der seine Sinne schwächt: bey aller seiner Treu'
Gestand sein Herz sich doch wie liebenswerth sie sey.

92.

Sie war, um ihren Gast und Retter zu empfangen,

Vor einer Stunde schon ans Ufer ausgegangen.
Der Nachen, der ihn führt, erreichte nun den Strand.
Sie beut ihm anmuthsvoll die Hand,
Da er ans Ufer steigt, und ohne Widerstand
Bewilligt sie den Kuß, der ihre Wangen
Vertraut doch ehrerbietig grüßt,
Indeß *Zerbin* sie beid' in seine Arme schließt.

93.

Das Liebesbündniß schöner Seelen
Knüpft oft der erste Augenblick:
Wenn andre, eh' sie Freunde wählen,
Was sich dabey gewinnt erst emsig überzählen,
Vermählet jene schon ein Wort, ein stiller Blick;
Gleich Spiegeln strahlet eins des andern Bild zurück;
Sie wählen nicht, sie fühlen sich getrieben,
Und lieben ihren Freund wie sie sich selber lieben.

94.

So war die schöne Sympathie
Die diese drey verband. Sechs Stunden machten sie,
Sie, die sich nie gekannt, zu Bruder und zu Schwester.
Es schien, daß die Natur sie selbst zusammen zieh',
Und jeder Anblick zog die sanfte Kette fester.
Sie gingen Hand in Hand. Ein himmlisches Orkester
(Dem ein geheimer Wink hierzu Befehle gab)
Schallt aus der goldnen Luft, indem sie gehn, herab.

95.

Zehn tausend engelgleiche Kehlen
Wetteifern einzeln und im Kor
Mit Stimmen, deren Klang Neapels Filomelen
Zu Raben macht, dem überraschten Ohr
Von der, die *Idris* liebt, die Wunder zu erzählen.

Der Ritter stutzt, bleibt stehen, schaut empor,
Sieht seine Freunde an, und sieht, noch mehr betroffen,
Auch ihren Augenstern so weit als seinen offen.

96.

Die gleiche Frage schwebt auf jedem Mund, indem
Der Paladin auch seinen Nahmen höret.
»*Zenide? – Idris?* – Wie? von wem,
Von welchem Helden sieht sich unser Haus beehret?
Nie überraschte uns das Glück so angenehm!
So hat die Hoffnung denn, die wir so lang' genähret,
Uns nicht getäuscht, und ist die Stunde nah,
Die unsre Kleinmuth noch in trüber Ferne sah?«

97.

Man kennet *mich,* (so ruft der Held dazwischen)
Man kennt *Zeniden* hier? Erklärt mir, Herr *Zerbin,*
Wie dieses möglich ist? – Erlauchter Paladin,
Versetzt sein Wirth, so gern ich auch gehorsam bin,
So nöthig ist's uns erst ein wenig zu erfrischen:
Die Tafel ladet uns in jenen Rosenbüschen
Zu einem leichten Gastmahl ein,
Und was ihr wissen wollt soll unser Nachtisch seyn.

98.

In einem kleinen Wald von Pomeranzenbäumen
Erhob sich ein Gezelt von duftendem Schasmin,
Mit Rosen untermischt, in denen Gold, Rubin
Und unbefleckter Schnee zu keimen
Und aus smaragdnem Laub beynah zu brennen schien;
Ein Ort zu Amors Spiel und zu vergnügten Träumen;
Mit hundertfachem Licht erhellt
Ein Leuchter von Krystall dieß liebliche Gezelt.

99.

Den sanften Boden deckt, gestickt mit Perlenkränzen,
Ein reicher Stoff, ringsum belegt
Mit Polstern von Damast; ein goldner Amor trägt
Den aufgesetzten Tisch, und Nektarflaschen glänzen
Aus kühlem Eis, das hier im Reich des Lenzen
Des Winters Bild, allein zur Lust, erregt:
Auch siehet man, den Dienst bey Tische zu versehen,
Drey rosenwangige Sylfiden seitwärts stehen.

100.

Der Ritter tritt, an *Lila's* Hand,
In diesen schönen Ort. Doch alle Niedlichkeiten,
Womit im Überfluß der Tisch beladen stand,
Der Wirth und sein Gemahl, die in die Wette streiten
Auch über ihren Gast die Freude auszubreiten,
Wofür ihr zärtlich Herz sich ihm verbunden fand,
Kein Wein, kein Scherz, kein Saitenspiel vermochte
Die Neugier aufzuziehn, die ihm im Busen pochte.

101.

Welch ein geheimes Band verflicht
Das Schicksal dieses Paars mit meinen Abenteuern?
So, scheint es, frage stets sein staunendes Gesicht;
Bis, seiner Ungeduld zu steuern,
Zerbin den Becher füllt, und spricht:
Heil dieser Tag, – ihn soll mein Enkel feiern! –
Der uns den Helden finden ließ,
Den das Orakel uns so bald nicht hoffen hieß!

102.

Von Schmerzen, die vielleicht unheilbar sind, zerrissen,
(Versetzt der Paladin) was könnte mir die Pein,

Wozu die Sterne mich verdammen, sonst versüßen,
Als meiner Freunde Glück beförderlich zu seyn?
Mein fühlend Herz mach ihr Vergnügen mein.
Allein, was kann *Zerbin* in *Lila's* Armen missen?
Er, der geliebt sich sieht, und was er liebt genießt?
Was können Götter selbst für den der glücklich ist?

103.

Dem Glücke, das ihm lacht, den Unbestand verwehren,
Erwiedert ihm *Zerbin.* Doch, wenn es euch gefällt,
Die seltnen Wunder anzuhören
Die unser Lebenslauf enthält,
So wird euch mein Bericht die Sorge kennen lehren,
Die meine Ruhe, selbst in *Lila's* Arm, vergällt.
Vielleicht daß wir dadurch ergründen,
Was wir noch räthselhaft in unserm Schicksal finden.

104.

Ihr kommt, versetzt der Held, dem leisen Wunsch zuvor
Der lange schon auf meinen Lippen schwebet:
Vertraut euch ohne Scheu der Freundschaft sicherm Ohr,
Und glaubt gewiß, daß *Idris* nicht mehr lebet,
Wenn niemand ist der sich zu eurem Dienst bestrebet.
Itzt schweigt die Symfonie; ein flatternd Sylfenkor
Setzt goldne Körbchen auf voll auserlesner Früchte;
Und nun beginnt *Zerbin* die folgende Geschichte.

Dritter Gesang

1.

Da, wo der Kaukasus sein fabelhaftes Haupt
Den Sternen zeigt, da liegt, von steilen Felsenwällen
Vermau'rt, ein stilles Thal, voll leicht bekränzter Quellen,
Vom Herbste stets begabt, vom Frühling stets belaubt;
Dem dichterischen gleich, wo einst der Gott der Höllen
Der blonden *Ceres* Kind, das Blumen las, geraubt;
Lau wie der Hain wo sich *Dionens* Tauben gatten,
Und dämmernd wie das Land der Schatten.

2.

Hier ruht, umgrenzt von Gärten und von Hainen,
Auf Pfeilern von Smaragd des *Gnomenkönigs* Sitz,
Statt Marmor und Porfyr erbaut aus Edelsteinen;
Gemacht, den lächerlichen Blitz
Der Erdengötter auszuscheinen,
Die stolze Armuth, die vom Witz
Des Reichthums Miene borgt, die sich in Flittern blähet,
Den Lehm zu Marmor macht, und Holz zu Gold erhöhet.

3.

Hier war es, wo ich mir bewußt zu seyn begann;
Hier wuchs ich, ohne zu erfahren
Wer mir das Leben gab, vom Säuglingsalter an
Von menschlicher Gestalt gesondert, unter Schaaren
Grotesker *Gnomen* auf, und war mit achtzehn Jahren
Vor allen Höflingen des Königs *Kormoran*,
Der Damen Urtheil nach, geziert mit allen Gaben,
Die ein Verjährungsrecht an ihre Gnade haben.

4.

Bey *Gnomen* ein *Adon* zu seyn,
Bewies für meinen Reitz sehr wenig;
Man sagt, ein Schielender ist unter Blinden König,
Und niemahls traf dieß Sprichwort besser ein.
Indessen machte doch, zu meiner größten Pein,
Der kleine Vorzug mir mehr Herzen unterthänig,
Als je ein junger Herr, der aufs Erobern zog,
Mit einem Blick erlegt zu haben log.

5.

Man kennt die Reitzungen, womit *Gnomiden* prangen;
Zum mindsten waren sie, mein junges Herz zu fangen,
Sich einen Überfluß von Lieblichkeit bewußt:
Hier trotzten mir zwey kupferfarbne Wangen,
Hier ein gespaltnes Kinn, dort eine breite Brust.
Für einen Dritten war ihr Wettstreit eine Lust;
Doch mich, den unverletzt so viele Pfeile trafen,
Mich hinderten ganz andre Träum' am Schlafen.

6.

Wer bin ich? fragt' ich mich – Kein Gnom! dieß sagen mir
Der Brunnen flüssigs Glas, des Schlosses Spiegelwände;
Mein Herz bekräftigt es; es sagt mir's die Begier
Nach Wesen meiner Art, für die ich das empfände
Was diesen sich versagt. Wie find' ich mich denn hier?
Was brachte mich in dieser Zwergen Hände?
So fragt' ich stets mich selbst, und sann vergebens nach,
Bis meine Ungeduld zuletzt das Schweigen brach.

7.

Ich fiel dem Könige zu Füßen,
Und bat ihn, mir ein Räthsel aufzuschließen,
Das mir die Ruhe stahl. Er nannte mich nicht klug:

Wie? rief er, ist dir's nicht genug
Von Kormoran den Liebling dich zu wissen?
O hätte, da ich dich noch auf den Armen trug,
Da du durch Lächeln mir die ersten Triebe zolltest,
Hätt' ich gedacht, daß du mich einst so fragen solltest?

8.

Doch, was der König sprach und that
War ohne Kraft mich wieder einzuwiegen.
Nichts, was ich sonst geliebt, nichts gab mir mehr Vergnü-
gen;
Gleichgültig sah ich itzt den ganzen Gnomenstaat
(Mein Erbtheil, sagten sie) zu meinen Füßen liegen.
Ich zog mein Herz allein zu Rath,
Und glaubte viel zu gern den Schlüssen, die es machte,
Als daß ich den Beweis ihm abzufordern dachte.

9.

Nein, sagt' ich einst zu einem Spielgesellen
Dem ich gewogner war, beredet mich nur nicht,
Daß hinter jenem Berg, der in die Wolken sticht,
Nichts sey als Luft und uferlose Wellen;
Sagt mir's so oft ihr wollt, ich nenn' es ein Gedicht:
Vergebens zwing' ich mich, mir selber vorzustellen,
Ich sei ein Gnom und euers Königs Sohn;
O sagt mir wer ich bin, und nehmt dafür den Thron!

10.

Der junge Gnom, der nie von Menschen was gehört,
Verlachte mich mit meinen Träumereyen:
Er stritt mit mir; doch blieb ich unbekehrt;
Die Stimme der Natur läßt sich nicht überschreien.
Ist's, dacht' ich, auch ein Traum, der schmeichelnd mich
bethört,

Dem Hoffnung und Begier der Wahrheit Farbe leihen,
Es sey! Ich lieb' ihn *doch*! Ein Wahn, der mich beglückt,
Ist eine Wahrheit werth, die mich zu Boden drückt.

11.

Wenn unser Herz erwacht, dann scheint was uns umgie-
bet
In die Empfindungen, wovon wir glühn, versenkt;
In des Verliebten Auge liebet
Luft, Wasser, Baum und Kraut: der Ungeliebte denkt
Daß sich des Himmels Stirn um seinetwillen trübet,
Und daß Aurora *weint*, wenn sie die Blumen tränkt;
Wie dem, der glücklich ist, die ganze Schöpfung lächelt,
Seufzt jenem Zefyr selbst, der Florens Busen fächelt.

12.

So ging es *mir*! Ich suchte meinen Stand,
Und alles, was empfand und nicht empfand,
Schien mir in das, was mich betraf, verschlungen,
Von Sympathie mit meinem Gram durchdrungen,
Und besser als ich selbst mit mir bekannt.
Mein sehnend Herz gab selbst den Bäumen Ohr und Zun-
gen;
Ich fragte sie, und dem getäuschten Ohr
Kam ihr Gelispel oft wie eine Antwort vor.

13.

Ich weiß nicht, was für eine Sache
Von Wichtigkeit den Gnomen Arbeit gab:
Ich schweifte täglich ohne Wache
Im Hain umher, ich stieg ins Thal hinab,
Und eh' ich wiederkam, lief oft die Sonne ab;
Doch fragte niemand was ich mache.
Durch diese Freyheit wurde bald

Der grauenvollste Wald mein liebster Aufenthalt.

14.

Die Ruhe der Natur, das allgemeine Schweigen,
Das hier aus dicht verflochtnen Zweigen
Allein die Waldmusik der Vögel unterbrach,
Schien die wollüstige Melankolie zu säugen,
Worin mein Geist so gern sich mit sich selbst besprach;
Der äußre Sinn entschlief, das Herz allein blieb wach,
Geschäftig, seine Wünsch' in seltsame Gestalten
Von Zärtlichkeit und Wonne zu entfalten.

15.

Ein kleiner Zufall lehrte mich
Um diese Zeit, mein Herz noch besser kennen.
Der junge Gnom, mein Freund (das heißt, den ich
Genöthigt war aus Mangel so zu nennen)
Fing an, für ein Geschöpf, das einem Äffchen glich,
(Doch nur in meinem Aug') in voller Gluth zu brennen;
Denn in der Gnomenwelt gestand ihr selbst der Neid
Den Preis der Liebenswürdigkeit.

16.

Wir stritten oft, wenn er mit aller Schwärmerey
Der Leidenschaft mir schwor, daß ihre Adlersnase
Der Thron des Liebesgottes sey,
Und daß kein Frühlingswind aus rundern Backen blase;
Mir schien es, wenn ich ihn so reden hört', er rase;
Ihm schien *mein* Urtheil Raserey;
Wir sahen uns nie ohne uns zu zanken;
Doch mir erweckte dieß besondere Gedanken.

17.

Wie, dacht' ich, müßt' ein Mädchen seyn,
Mir Aug' und Herz zugleich zu rühren?
Kann diesen Gnom die Häßlichkeit verführen?
Und ist ein Mißgeschöpf ihm eine Venus? – Nein!
Ihn überwältigt bloß ein Trieb der allen Thieren
Gemein ist: jegliches nimmt seines gleichen ein:
Der Pfau gefällt dem Pfau, die ungestalte Eule
Find't ihren Gatten schön, glaubt daß er lieblich heule.

18.

Bin ich's allein, für den kein Wesen meiner Art,
Kein Gegenstand der unstillbaren Triebe,
Die ich in mir empfind', erschaffen ward?
In Luft und Flut seh' ich den Geist der Liebe,
Der alles, was sich fühlet, paart:
Vergaß mich die Natur, nur mich allein? wo bliebe
Ihr mütterlicher Sinn? Nein, nein! Mein Herz sagt nein!
Es ahnet mir, mein Wunsch muß wirklich seyn.

19.

Itzt bracht' ich oft vom frühen Morgen
Bis in die Nacht mit eitelm Suchen zu:
Wohin, rief ich, wohin, Natur, hast du
Die Göttliche vor mir verborgen?
So stahlen meines Herzens Sorgen
Bey Tag mir alle Zeit, bey Nacht mir alle Ruh:
Wohin ich meine Augen wandte,
Sah ich in wachem Traum die holde Unbekannte.

20.

Einst, da ich mich von ungefähr
(Es hatte kaum zu tagen angefangen)
Im tiefsten Hain verlor, da kam ein großer Bär

Aus dem Gestrüpp[14] auf mich gerade zugegangen.
Ihm zu entfliehen war so schwer,
Als wehrlos, wie ich war, die Oberhand erlangen:
Allein, der grimmigste vom ganzen Bärenstamm,
Dem Ansehn nach, war frommer als ein Lamm.

21.

Sein Brummen gleich dem Murren einer Katze
Der man den Rücken streicht; er blieb von meinem Platze
Drey Schritte stehn, und lächelte mich an
So gut ein Bär nur immer lächeln kann;
Es schien, er winke mir mich ihm getrost zu nahn,
Zu sehen was er mir in seiner rauhen Tatze
Entgegen hielt. Ich weiß nicht was mich zog;
Genug, daß mein Instinkt auch hier mich nicht betrog.

22.

Ich nahte mich, ich sah, und schauderndes Entzücken,
Indem ich stand und schaute, fuhr
Schnell durch mich hin – ich sah – welche eine Kreatur!
So lieblich, (zwar vielleicht in *meinen* Augen nur)
Daß, mich vollkommen zu beglücken,
Mir sonst nichts nöthig schien als stets sie anzublicken.
O Götter! rief ich aus, sie ist's, die ich gesucht,
Sie ist's! – Hier hemmte mich des Bären schnelle Flucht.

---

[14] Ob das Wort Gestrüpp nur in Oberdeutschland gebräuchlich sey, (wie in Adelungs Wörterbuch versichert wird) soll von Rechts wegen keinen Dichter kümmern, sondern ob es mit Gesträuch völlig gleichbedeutend sey, oder nicht vielmehr (wie beynahe alle Synonyme) eine besondere Bedeutung habe, welche eine Beschaffenheit bezeichnet, die nicht allen Gesträuchen zukommt. Nun gilt von diesem Worte das letztere; denn Gestrüppe bedeutet ein struppiges, d. i. verwachsenes, verwirrtes und verwildertes Gesträuch; es ist also ein Wort, dessen die Dichtersprache nicht ohne Nachtheil entbehren kann. Eben dieß ist von allen brauchbaren Wörtern des Oberdeutschen und Niedersächsischen Dialekts zu sagen, für welche der Meißnische kein gleichbedeutendes hat.

23.

Er lief, als ob er sich vor zwanzig Jägern rette,
Und ich, ganz außer mir, ich lief ihm nach, als hätte
Der Liebesgott mir Flügel angesetzt:
So flieht ein Reh, aus seinem grünen Bette
Von *Cynthiens* Gespielen aufgehetzt.
Der Räuber schien durch meinen Schmerz ergetzt,
Hielt, wenn ich hinter ihm mit kürzern Schritten keichte,
Oft lange still, und lief so bald ich ihn erreichte.

24.

Schon war ich viele Meilen weit
Durch einen Labyrinth von ungebahnten Wegen
Dem Bären nachgerannt, als endlich das Vermögen
Dem Willen unterlag; erschöpft von Mattigkeit,
Von Durst gebrannt, unfähig mich zu regen,
Sank ich zu Boden hin, und ließ dem Gegner Zeit,
Mit dem geliebten Bild im Rachen
Indeß ich lechzend lag, sich unsichtbar zu machen.

25.

Zu gutem Glücke war mein Ruheplatz nicht ferne
Von einer moosigen Cisterne,
An deren Rand ein alter Palmbaum stieß,
Der seine reife Frucht freywillig fallen ließ.
Hier war's, wo mir die Noth bewies
Daß man durch sie aus Pfützen trinken lerne.
Nie schmeckte mir aus Gold der Wein von Alikant
So wohl, wie dieser Schlamm aus meiner hohlen Hand.

26.

Nachdem ich mich erquickt, so fing ich an, bey mir
Den Wundern dieses Tags gelaßner nachzuspähen.
Nein, dacht' ich, dieser Bär ist kein gemeines Thier;
Und die er mir gezeigt – hier steht der Abdruck, hier
In dieser Brust, und wird hier ewig stehen! –
Ist mehr als ein Geschöpf erfindender Ideen:
Von solchen Kindern kann allein
Die unverschönbare Natur die Mutter seyn.

27.

Ja, Amor flüstert mir daß ich dich finden werde,
Du meines Herzens Königin!

Ich suche dich, so weit die Sonnenpferde
Des Tages goldnen Wagen ziehn.
Bist du so schön, um die Bewohnerin
Zu seyn von dieser niedern Erde:
So soll, dich in vollkommnern Sfären
Zu suchen, Amor mich des Äthers Pfade lehren.

28.

So rief ich; denn, ihr wißt, verliebte Schwärmerey
Denkt gerne laut. Drauf fiel mir plötzlich bey,
Daß, bald zu meinem Zweck zu kommen,
Ein Talisman das beste Mittel sey,
Den ich im Gnomenschatz einst heimlich weggenommen.
Was nur für Thiersgestalt ihr wünschet zu bekommen,
Sprecht ihr ein Wort, das auf den Talisman
Gegraben ist, nur aus, so ist's gethan.

29.

Mit Flügeln, dacht' ich, kommt man weiter,
Als *Kastor* selbst, der Schutzpatron der Reiter.
Ich trat sogleich die neue Reise an,
Ward, wie es mir gefiel, zum Adler, zum Fasan,
Zum Papagay, und, war die Nacht nicht heiter,
Zur Eule, die im Dunkeln sehen kann:
So flog ich Tag und Nacht, die Seele meines Lebens
Zu suchen, durch die Welt, und suchte lang' vergebens.

30.

Hier war *Zerbin*, als *Lila* schicklich fand,
Sich unbemerkt vom Tische wegzuschleichen,
Vielleicht dem kleinen Übelstand,
Ihr eignes Lob zu hören, auszuweichen.
Sie winkte dem Gemahl ein Zeichen,
Und *Idris* wurde nicht gewahr wie sie verschwand;

Zerbin fuhr fort; sein Feuer im Erzählen
Ließ es dem Ritter nicht an Lust zum Hören fehlen.

31.

Einst früh an einem Sommertag
Verweilte sich mein Aug' auf einem großen Garten,
Der unter mir im Morgenschimmer lag;
So schön, so aufgeblüht, und reiche an allen Arten
Von Wohlgeruch, als wären ihn zu warten,
Die Zefyrn selbst bestellt: ein ewiger Vertrag
Verband *Pomonen* hier mit *Floren*,
Die dieses *Tempe* sich zugleich zum Sitz erkohren.

32.

Ein Anblick, zauberisch genug
Den eilenden Merkur im Fliegen aufzuhalten;
Und ein ich weiß nicht was, wie ein geheimer Zug,
Verwehrte mir zu weiterm Flug
Die bunten Flügel zu entfalten.
Durch Lüfte, die von Zimmt- und Amberdüften wallten,
Ließ ich, weil ein Gesang mir plötzlich Neugier gab,
Auf einen Tulpenbaum mich unbemerkt herab.

33.

Ich horcht' umher, und fand, der Vogelbauer,
Aus dem der süße Schall sich wand,
Sey ein Gezelt von Myrten und Akanth,
Durch dessen dicht verwebte Mauer
Die Sonne selbst zu sehn nicht möglich fand.
Ich flog hinzu: ein nie gefühlter Schauer
Ergriff mein Herz indem ich näher kam,
Und deutlicher der Stimme Reitz vernahm.

34.

Ich gab ihr einen Leib, und weil die Ungenannte,
Für deren holdes Bild ich brannte,
Die einz'ge Schöne war, die ich von allen kannte,
So hatte die von ihr erfüllte Fantasie
Mich zu bereden wenig Müh,
Die schöne Sängerin im grünen Zelt sey sie.
Denkt die Entzückung selbst, die in mein Herz gerathen,
Als was ihm vor geahnt die Augen itzt bejahten.

35.

Ein Mädchen, leicht verhüllt in rosenfarbnen Tafft,
Trat aus dem Zelt hervor, so schön, so nymfenhaft,
So schlank von Wuchs und lieblich von Geberden,
Wie *Hebe* pflegt gemahlt zu werden;
Ihr gelbes Haar floß ringelnd bis zu Erden,
In ihren Busen hätt' ein Engel sich vergafft;
Den schönsten Fuß verrieth ihr flatterndes Gewand,
Und weißer war als Wachs die kleine runde Hand.

36.

Von Wollust halb entseelt und blind von Schauen, wand-
te
Mein Auge sich von ihr zurück;
Allein, bey wiederhohltem Blick
Wie ward mir, Götter! wie, als ich die Unbekannte,
Die ich gesucht, von Zug zu Zug erkannte!
Mein Herz erlag der Last von seinem Glück.
Glaubt ihr, Herr Paladin, es können
Vor Übermaß von Lust sich Leib und Seele trennen?

37.

Ob ich es glaube? spricht der schöne Paladin:

Der Augenblick wird immer vor mir schweben,
Da ich hiervon beynah ein Beyspiel abgegeben.
O warum nur beynah? Warum, Gebieterin
Von dieser Brust, befahlst du mir zu leben?
Warum zerfloß ich nicht in deinem Anschau'n hin?
Doch, ich vergesse mich, euch so zu unterbrechen:
Ich pflege, wie es scheint, manchmahl im Traum zu spre-
chen.

38.

Zerbin, der zu bescheiden war
Von dieser Apostrof' Erläut'rung zu begehren,
Fuhr also fort: Mein Herr, daß ich nicht in der Schaar
Der Wesen bin die wir mit Weihrauch nähren,
Gereicht allein dem Liebesgott zu Ehren.
Mein Beyspiel macht die Wahrheit offenbar:
Der süße Tod, den Amor uns gegeben,
Erwecke nur zu einem schönern Leben.

39.

Als ich mich wieder selbst empfand,
War sie bereits aus meinem Aug' entwichen.
Wie ängstlich ward von mir der ganze Hain durchstrichen!
Wo sucht' ich nicht, bis ich sie wieder fand!
Auf einem Blumenfeld, von lieblichen Gerüchen
Umflossen, saß sie da, und wand
Sich einen Kranz, und ihre Blumen schienen
Von Eifersucht beseelt, den Vorzug zu verdienen.

40.

Dieß liebliche Gemisch von Unschuld, Zärtlichkeit
Und nichts besorgendem Vergnügen,
Dem Herzen voll Gefühls so schnell entgegen fliegen;
Der Jugendgeist, den eine Kleinigkeit,

Ein Blumenstrauß, ein Schmetterling erfreut,
Dem alles lacht, gab allen ihren Zügen
Und Regungen ich weiß nicht was, das sich
Mit nahmenloser Lust in meine Seele schlich.

41.

Noch seh' ich, halb verdeckt von blumigen Gesträuchen,
Als Papagay ihr zu, ganz Auge, ganz Gefühl:
Als plötzlich Ruh' und Scherz aus ihrem Antlitz weichen.
Ich sah den Rosenmund erbleichen,
Ihr Aug' umwölkte sich, der schönen Hand entfiel
Der Blumenkranz, ihr jugendliches Spiel:
Sie will entfliehn, und wird von einem Alten
Mit langem Silberbart beym runden Arm gehalten.

42.

Sein übrig Ansehn schien so jung, daß man vergaß
Wie alt sein weißer Bart ihn machte.
Lang war er, mehr als das gemeine Maß
Der Männer ist; sein schwarzes Auge lachte,
Und auf der breiten Stirne saß
Was Majestätisches, das euch zum Schaudern brachte;
In seiner Rechten lag ein langer schwarzer Stab,
Und bis zur Erde floß sein Purpurkleid herab.

43.

Ich merkte bald, nicht ohne Schrecken,
Daß dieser Greis mein Nebenbuhler sey.
Sein Ansehn, und noch mehr sein langer schwarzer Ste-
cken
Schien meiner Liebe nicht viel günstigs zu entdecken;
Denn beides, däuchte mich, verrathe Zauberey.
Der Graubart sprach von Leidenschaft und Treu',
Und klagte bitterlich, daß so bewährte Triebe

Ihr Herz noch nicht erweicht, kurz, daß sie ihn nicht liebe.

44.

Mir ward aus ihrer Antwort klar,
Sie fürcht' ihn mehr als sie ihn hasse.
Sie warf ihm vor, (mit vielem Feuer zwar,
Doch daß es schien als ob sie schnell sich fasse)
Daß er zur Morgenszeit sogar,
Noch eh' man sichtbar sey, sie nicht in Ruhe lasse:
Sie schwor ihm, daß er sie mit seinen Seufzern plage,
Und daß ihr Herz ihr nichts von Liebe sage.

45.

Dieß gab ihm zwar zu heftigen Beschwerden
Den reichsten Stoff; doch endlich sah ich ihn
Mit einem Kuß, dem sie die Wange zu entziehn
Vergebens kämpfte, sich vergnügt zurücke ziehn.
Kaum war er fort, so stieg euch aus der Erden
Ein kleines Weib von mürrischen Geberden
Hervor, und schleppte, ohn' ein Wort
Zu sprechen, mit Gewalt die junge Schöne fort.

46.

Ich folg' ihr, bis sich mir ein herrlicher Palast
Von weißem Marmor zeigt mit goldbelegtem Dache,
Wohl werth, daß Zevs, wenn ihn der Sorgen Last
Vom Himmel treibt, hier seine Wohnung mache;
Im Hofe, den ein Säulengang umfaßt,
Hält eine Riesenschaar bey Tag und Nacht die Wache;
Ein prächtig Thor von funkelndem Saffir
Thut sich der Schönen auf, und schließt sich hinter ihr.

47.

Wie kläglich sah ich ihr, indem die stolzen Flügel
Mit donnerndem Geräusch sich schlossen, hinten nach!
Die ganze Macht der sieben Hügel,
Von denen Rom dem Erdkreis Urtheil sprach,
War gegen den, der hier befahl, zu schwach.
Doch scheut sich Amor selbst vor Salomonis Siegel?
Die Pforte mag bewacht, gesperrt, gesiegelt seyn,
Im Nothfall bringt er euch durchs Schlüsselloch hinein.

48.

Zwey Stunden flog ich hin und wieder
Um den Palast, bis ich den Aufenthalt
Von meiner Schönen fand. Drauf ließ ich in Gestalt
Des schönsten Papagays mich vor ihr Fenster nieder,
Aufs goldne Gitter hin. Sie sah mich nicht so bald,
So schlug ich schon mit klatschendem Gefieder
Das Fensterglas, pickt' in den Rahm hinein,
Und wollte mit Gewalt hinein gelassen seyn.

49.

Sie that's, beschaute mich erstaunt, und ihre Freude
Schien fast der meinen gleich. Wie wenig träumte sie
Was unter meinem Federnkleide
Verborgen war! Doch zog bereits die Sympathie
Ihr unbewußtes Herz. Welch eine Augenweide
War mir erlaubt! Ich saß auf ihrem Knie,
Begaffte jeden Reitz mit liebestrunknen Blicken,
Und durfte mich sogar an ihren Busen drücken.

50.

Die Lust, die sie an meinem Schmeicheln fand,
Verführte mich zuletzt mit unbescheidnen Picken

Das niemahls ruhige Gewand
Von ihrem weißen Hals allmählich wegzurücken.
Sie sah mit halbverwirrten Blicken
Mir lächelnd zu, bis ihre sanfte Hand
Mit kleinen tändelhaften Schlägen
Mir zu verstehen gab ich werde zu verwegen.

51.

Dieß war genug, den Papagay,
Der mich zu frey gemacht, mir aus dem Sinn zu bringen.
Ich legte mich mit Blicken voller Reu
Zu ihren Füßen hin, und mit gesenkten Schwingen,
Und ließ nicht ab mich fest um ihren Fuß zu schlingen,
Bis mir ihr Mund bewies, daß ich begnadigt sey.
Sie gab mir einen Kuß, und schien bey diesen Spielen
Was neues, das ihr selbst ein Räthsel war, zu fühlen.

52.

So glücklich wirkte bald der zärtliche Betrug!
Sie liebte nichts wie mich; ich aß aus ihren Händen
Und schlief auf ihrem Schooß; sie konnte nicht genug
Liebkosungen an mich verschwenden.
War je ein Papagay so freundlich und so klug?
Die Sprache fehlte nur das Wunder zu vollenden:
Sie gab sich viele Müh, doch blieb ihr Papchen stumm;
Es sprach mit Blicken nur, und wußte wohl warum.

53.

Verstehen was sie sprach, und doch nicht reden können,
Das schien der Schönen wunderlich.
Komm, rief sie oft, sprich nur: Ich liebe dich!
Das wird dir doch die Zunge nicht verbrennen!
Versuch's, mir zu Gefallen, sprich
Nur meinen Nahmen aus, du hörst so oft ihn nennen!

Umsonst, ich blieb bey allem Zuspruch stumm,
Und ihre Kammerfrau entschied nun, ich sey dumm.

54.

So schlüpften, ohne daß der bärtige Verliebte
Sich sehen ließ, drey Tage schnell vorbey.
Allein, am vierten schien's, daß ihre Fantasey
Ich weiß nicht welche Wolke trübte.
Nichts gab ihr Freude mehr was sie noch kürzlich liebte,
Nicht ihr Klavier, auch nicht ihr Papagay:
Umsonst bestrebt' ich mich, ihr Übel wegzuscherzen;
Es war als lieg' ihr was sehr wichtigs auf dem Herzen.

55.

Den nächsten Morgen schien ihr Unmuth sich vielmehr
Noch zu verdoppeln als zu legen.
Bald ging sie, von Gedanken schwer
Und in sich selbst gekehrt, im Zimmer hin und her;
Bald saß sie, ohne sich zu regen,
Auf ihrem Sofa da; nichts hatte das Vermögen,
Sie aus der andern Welt, wo sie verirret schien,
In ihren Leib zurück zu ziehn.

56.

Von Kummer fast entseelt saß ich zwar neben ihr;
Allein sie sah mich nicht, und wollte mich nicht sehen.
Indem wir nun so saßen, ging die Thür
Mit beiden Flügeln auf, und plötzlich sahen wir
Den alten *Weißbart* vor ihr stehen.
Kaum ließ er mir noch Zeit ihm aus dem Weg zu gehen;
Doch Er sah *Lila* nur. Er warf sich auf die Knie,
Und sprach von seiner Gluth viel feuriger als nie.

57.

Du liebest mich? – (hört' ich sie endlich sagen)
Schon lange sagst du mir's, doch sag' es noch einmahl!
Du liebst mich also? – Wie? kann Lila das noch fragen?
(Erwiedert er) Wohlan! es steht in deiner Wahl,
Mir zum Beweis was schwerers aufzutragen
Als ihrem Ritter je die Grausamste befahl.
Dir meine Liebe zu beweisen,
Zieh' ich, wenn du befiehlst, die Stern' aus ihren Kreisen.

58.

Willst du, es soll des Meeres Strand
Mit Perlen sich, anstatt des Sandes, decken?
Soll sich der Ocean ins feste Land verstecken?
Soll jeder Fels dein Bild von Diamant
Kolossisch in die Wolken strecken?
Soll von Katay zum heißen Mohrenland
Die Welt dir zinsbar seyn, und die auf Thronen prangen
Ihr Diadem aus deiner Hand empfangen?

59.

Befiehl's, es soll geschehn! – Nein, (fiel sie lächelnd ein)
Vor meinem Ehrgeitz mag der Mogul sicher leben:
Mein Wunsch fliegt nicht so hoch; und durch ihr Herz
allein,
Nicht durch den Thron der Welt, kann *Lila* glücklich seyn.
Kurz, was ich will ist nicht so schwer zu geben
Als nur den kleinsten Berg aus seinem Sitz zu heben.
Gieb mir den Jüngling nur, der schon die zweyte Nacht
An meiner Seite zugebracht.

60.

»Den Jüngling? Wie? Sprichst du im Fieber?

Und wen, ich bitte dich? Den Jüngling sagst du?« – Ja,
Ihn, den ich schon zwey Nächte bey mir sah,
Und wachend immer seh', und der bereits mir lieber
Als alles ist. Wofern's im Traum geschah,
O dau'rte dieser Traum mein ganzes Leben über!
Liebst du mich, *Astramond*? Ich will die Probe sehn;
Laß diesen Augenblick den Jüngling vor mir stehn.

61.

Ihn lieb' ich, ihn allein, und werd' ihn ewig lieben,
Und sein, sonst niemands, will ich seyn.
Er schwor mir, unser Bund sey im Gestirn geschrieben;
Wir lieben uns, mein Herz ist sein, und seines mein. –
Hier schien sich *Astramond* so heftig zu betrüben,
Als dräng' in jedem Wort ein Dolch in ihn hinein.
Der Schmerz schien ihm die Sinne selbst zu schwächen,
Und ließ die Kraft ihm nicht, sie nur zu unterbrechen.

62.

Urtheilet, Herr, was ich, indem sie sprach, empfand!
Doch, da sie nun begann den Jüngling abzumahlen,
Und ich (verschönert zwar) mich selbst geschildert fand,
So wie die Liebe mahlt, mit Farben nicht, mit Strahlen,
Doch kennbar, daß ein Mißverstand
Kaum möglich war – o denkt, von welchen Qualen
Zu welchem Übermaß von Wonn' ich überging,
Indeß daß *Astramond* nun an zu klagen fing:

63.

Du liebest, rief er, Undankbare?
Du liebst? – und wen? – ein eitles Traumgesicht!
Und wäre was du liebst mehr als ein Hirngedicht,
Glaubst du, daß ich den Lohn so vieler Jahre,
So vieler Zärtlichkeit, für einen Fremden spare?

Nein, *Lila*, täusche dich mit solchem Unsinn nicht.
Eh' mische sich der Himmel mit der Erde,
Eh' ich selbst deinem Gott dich überlassen werde.

64.

Wie? soll ein Herz, das mir, beym zärtlichsten Bemühn
Es zu erwärmen, kalt geblieben,
Für ein Fantom beym ersten Anblick glühn?
Lehrt' ich dich darum nur die süße Kunst zu lieben,
Sie, da du sie gefaßt, mit andern auszuüben,
Und mir, was ich verdient, was mein ist, zu entziehn?
Von wem sind alle deine Gaben?
Wer kann ein nähers Recht dich zu besitzen haben?

65.

Wer war es, Ungetreue, sprich,
Der dich als Kind an seinen Busen drückte?
Sprich, wer erzog, besorgte, pflegte dich?
Wer war's, der deinen Geist entwickelte und schmückte?
Mißkenn' ihn wenn du kannst! – Und alles das hätt' ich
Gethan, damit ein andrer pflückte,
Was ich für mich gepflanzt? Nein, *Lila*, hoff' es nicht!
Mein bist du, sey es nun aus Neigung oder Pflicht.

66.

Weh dem, ihn treffe Blitz und tödtendes Verderben,
Der dich mir zu entziehn unsinnig sich getraut!
Den schrecklichsten der Tode soll er sterben,
Zu längrer Qual mit Lebensgeist bethaut;
Durch Martern neuer Art, wovor der Menschheit graut,
Soll, tropfenweis erpreßt, sein Blut die Erde färben!
Doch was entrüst' ich mich? Verdient ein Schattenbild,
Ein bloßer Traum, daß mir die Galle schwillt?

67.

Vergebens hoffest du dein Traum soll wirklich werden;
Wir sind allein: wie vielmahl sag' ich's dir?
Wir, und die Vögel, und die Herden,
Und was in Teichen schwimmt, und tief im Schooß der
Erden
Und in der Luft die Geister, die nur *mir*,
Dir niemahls, sichtbar sind. – Entsage der Begier
Nach fremden, wesenlosen Dingen,
Die, von Betrug gezeugt, in deinem Hirn entspringen.

68.

Ein Blick, ein Wort, o Lila, wird zugleich
Dein Schicksal und das mein' entscheiden;
Sprich nur ein Wort, so sind uns beiden
An Wonne nur die Götter gleich:
Ergiebt dich mir, beherrsch' als Königin ein Reich
Von Liebesgöttern und von Freuden;
Du kennest meine Macht; entschließ, o Schönste, dich,
Beherrsche mich, so bist du größer noch als ich.

69.

Hier hielt er ein, durch das beredte Schweigen
Entflammter Sehnsucht sie zum frohen Ja zu neigen.
Du sprichst, versetzte sie, sehr gut, ich muß gestehn;
Allein, was hälf' es dir, sprächst du auch noch so schön?
Mich kann mein Herz nur überzeugen.
Ach, *Astramond*! Ich hab', ich habe *den* gesehn,
Ihn, den, so bald er nur die Augen auf mich wandte,
Mein überzeugtes Herz für seinen Herrn erkannte.

70.

Sag' und beweise mir, was ich vor wenig Stunden
Gesehn, gehört, sey ein Geschöpf der Nacht,
Von ungefähr entstanden und verschwunden,
Ein Wolkenbild, aus Morgenduft gemacht:
Ich sage Nein! Ich weiß was ich empfunden;
Und schlief mein Leib, so hat mein Herz gewacht.
Doch, war es nur ein Traum, was hast du zu befahren?
Du könntest, dächte man, dein Drohen weislich sparen.

71.

Du rückst mir alles vor was du für mich gethan:
O *Astramond*, du kennst mein Herz, es kann
Nicht unerkenntlich seyn – ich bin dir sehr verpflichtet.
Zwar, was du thatest, war auf einen Zweck gerichtet,
Der weder edel war noch billig; doch vernichtet
Der Zweck die Wohlthat nicht: ich nehm' als Wohlthat an,
(Und küsse dir die Hand, aus der ich sie empfangen)
Was nur ein Anschlag war, mich sicherer zu fangen.

72.

Doch, sage mir, (denn kein Verhältnis schwächt
Die Rechte der Natur) wer hat mir dieses Leben,
Und dir, so groß du bist, ein Recht an mich gegeben?
Die Macht allein giebt Göttern selbst kein Recht.
Nein, *Astramond*! der war gewiß kein Knecht,
Der mir die Triebe gab, die diese Brust erheben.
Gieb mich zurück; und sey durch eine solche That
Der Achtung werth, die dir mein Herz gewidmet hat.

73.

So, *Lila*, spottest du, rief *Astramond* ergrimmt,
Der grenzenlosen Huld womit ich dich beehrte?

So wird das Glück geschätzt, wozu ich dich bestimmte?
Dieß nennst du Dankbarkeit? Erfahre denn, Verkehrte,
Daß diese Leidenschaft, die mich zu lang' bethörte,
Von diesem Augenblick ihr End' in Abscheu nimmt.
Hinweg mit ihr! – Ihr, die ihr meinen Willen
In meinen Augen lest, herbey, ihn zu erfüllen!

74.

Kaum donnert' er das letzte Wort,
So trugen, wie es schien, unkörperliche Hände
Sie durch die Luft aus meinen Augen fort.
Verzweifelnd stieß ich, meiner Qual ein Ende
Zu machen, mit dem Kopf des Zimmers Marmorwände:
Doch jedesmahl mißlang der abgezielte Mord;
Ein unsichtbarer Schutz schien über mir zu walten,
Und Lila rief mir zu, für sie mich zu erhalten.

75.

Ich faßte wieder Muth, und sann
Auf schnelle Flucht, eh' noch die Kammerfrau dem Alten
Verdacht auf mich zu geben Zeit gewann.
Schnell mußte mich mein Talisman
Zum kleinsten Eulchen umgestalten;
Ich fand zu gutem Glück ein Fensterglas gespalten;
Und als die Zwergin kam, wo ihr Gefangner sey
In voller Hast zu sehn, weg war der Papagay!

76.

Ich flog dem Garten zu, und tauschte
Wohl hundertmahl die magische Figur;
Der Büsche grüne Nacht, wo ich verborgen lauschte,
Vermehrte meine Furcht; ich fuhr
Bey jedem Lüftchen auf, das durch die Blätter rauschte;
Und als das Auge der Natur

Sich endlich schloß und sich die Stille mehrte,
Schien mir's, aus tiefer Fern', als ob ich weinen hörte.

77.

Ich hielt den Athem an und horchte scharf empor;
Da däuchte mich ich höre *Lila's* Stimme,
Als ob sie halb erstickt in Thränengüssen schwimme;
Und immer näher schlug der Jammerton mein Ohr.
Ich machte mich zum Löwen, brach im Grimme
Aus meinem Hinterhalt hervor,
Und lief durch Hain und Flur, zur Rach' an *dem* entschlossen,
Durch den so schöne Thränen flossen.

78.

Doch, alles, was ich fand, war dieses, daß die Nacht
Der Sinnen Urtheil trüglich macht.
Bald war's ein Quell, der klatschend aus der Nische
Von einer Nymfe fiel; bald Winde, die, erwacht
Vom leichten Schlaf, durch Grotten und Gebüsche
Sich jagten; bald im Gras das brünstige Gezische
Von Schlangen, die, in Liebesknoten
Verschränkt, vor heißer Lust sich zu ersticken drohten.

79.

Ihr süßes Spiel erhöhte meine Qual.
Von Angst gespornt durchlief ich Berg und Thal
Auf viele Meilen weit, um eine Spur zu finden,
Den Aufenthalt der Schönen zu ergründen.
Allein, da jetzt zum sechsten Mahl
Die Nacht den Tag vertrieb, ließ ich die Hoffnung schwinden.
Ein See, der vor mir lag, schien mir gemacht zu seyn
Von meinem Leiden mich auf ewig zu befreyn.

80.

Ich sprang hinein; doch kaum benetzte meine Glieder
Die kühle Flut, so kam die Lust zum Leben wieder,
Und machte, daß es mir Verrath an Lila schien,
Was ihr gewidmet war, ihr treulos zu entziehn.
Drey Worte braucht' es nur, so fuhr ich als Delfin
Im neuen Element bis in die Tiefe nieder.
Nicht lange trieb ich noch das ungewohnte Spiel,
Als mir aus einer Gruft ein Schein ins Auge fiel.

81.

Es war ein ungeheurer Bogen
Vom Finger der Natur in einen Berg gesprengt;
Und unten schoß ein Strom, in Felsen eingezwängt,
Mit tobendem Gebrüll die dick beschäumten Wogen.
Von einer Welle stets der andern zugedrängt,
Fühlt' ich mich mit Gewalt durch diese Gruft gezogen:
Des Stromes schneller Lauf, das Donnern um mein Ohr
Betäubte mich so sehr, daß ich mich selbst verlor.

82.

Denkt, wie mir war, als ich in einem weiten Becken
Vom reinesten Saffir mich beym Erwachen fand!
Umringt mit blüthenreichen Hecken,
Aus deren grüner Nacht, wie von des Zufalls Hand,
Hier eine Urne ragt, dort Bilder sich entdecken.
Ich glaubte mich in Elyseerland;
Und was den Irrthum glaublich machte,
War, daß ich unbeschuppt erwachte.

83.

Allein, zugleich mit dem Delfin
War auch der Talisman, mein ganzer Schatz, dahin.
Gesucht, beklagt, beweint, war er und blieb verloren.
Ward jemahls ein Geschöpf unglücklicher geboren?
Rief ich, und sank ins Gras, wo den erschöpften Sinn
Zuletzt der Schlaf beschlich. Ermuntert von Auroren
Und durch den Balsamschlaf gestärkt,
Entwölkte mit dem Tag mein Geist sich unvermerkt.

84.

Die Neugier trieb mich itzt, die Örter zu besehen,
Wohin, unwissend wie? ich mich bezaubert fand.
Der Blumenschmelz, die Pracht Mäandrischer Alleen,
Der Boden überall, statt Sand,
Mit Perlen überstreut, kurz, jeder Gegenstand
Bewies den Ort bewohnt von Feen;
Und ein Palast, von dem das Funkeln kaum
Erträglich war, ließ keinem Zweifel Raum.

85.

Doch, wunderbarer noch als alles war die Stille,
Die auf der ganzen Gegend lag;
Von Filomelen an zum Laubfrosch und zur Grille
War alles hier verbannt, was einen Laut vermag;
Kaum rauschte noch ein Blatt. Erst glaubt' ich, daß der Tag
Sich später im Palast als außerhalb enthülle;
Doch endlich wich die Furcht zu kühn zu seyn
Der Ungeduld; ich wagte mich hinein.

86.

Ein Labyrinth von Sählen, Kabinetten
Und Zimmern, ließ mich sehn, wie weit die Feerey
Die Kunst zurücke läßt. Lack, Schnitzwerk, Mahlerey,

Tapeten, Spiegel, Tische, Betten,
Kurz, alles war so reich, daß *Uzim-Oschantey*[15]
Und *Gengiskan* beym Tausch gewonnen hätten.
Wie? dacht' ich, solch ein Sitz, und von Bewohnern leer?
Dieß alles machte sich doch nicht von ungefähr?

87.

Ich war zum Abzug schon entschlossen,
Als mir ein Kabinet, an dessen Thür ich stieß,
Den Anblick, den ich mir am wenigsten verhieß,
Die schöne *Lila* selbst, auf Polster hingegossen,
In allen Reitzungen des Mittagsschlummers wies.
Vom silbernen Gewölk des feinsten Flors umflossen,
Die Locken aufgelöst, den Busen halb entdeckt,
Lag sie, die schöne Stirn im weißen Arm versteckt.

88.

So schön fand nicht Adon im Hain von Amathunt
Die eingeschlafne Venus liegen:
Ein süßes Lächeln floß um ihren Rosenmund;
Ihr Busen schien den Liebesgott zu wiegen;
Und jede Muskel that durch sanftes Schwellen kund,
Es müsse sie der schönste Traum vergnügen.
Ganz Auge stand ich da, und wünschte so zu stehn
Äonenlang, bis ich mich müd' an ihr gesehn.

89.

Ein Faun, dem junger Most und feurige Begierde
Die Sehnen schwellt, daß *der*, bey Lunens Schein,
Ein Nymfchen, das im wilden Hain
Auf seiner Urne schläft, nicht schlafen lassen würde,

---

[15] Ein Prinz, der in einem Mährchen in den Contes Tartares oder Mille et un quart d'heure seine Rolle spielt.

Gesteh' ich unerröthend ein;
Der wahren Liebe nur ist Keuschheit keine Bürde.
Sehn, was man liebt, giebt's denn ein größer Glück?
Mehr als dem Faun ein Kuß, ist ihr ein bloßer Blick.

90.

O! die Geliebte sehn, sich neben ihr befinden,
Den Athem in sich ziehn, der ihrer Brust entfloh,
Ist eine größre Lust für Seelen, die empfinden!
Die letzte Gunst entzückt den Faun nicht so.
Ein Band, das sich um ihren Fuß zu winden
So glücklich war, ein Ring von ihrem Haar, wir froh,
Wie reich macht solch ein Tand *den*, der wahrhaftig glüht!
Nichts ist ihm Kleinigkeit, was sich auf *sie* bezieht.

91.

Noch stand ich aufgelöst in zärtliches Entzücken,
Als sie im Schlaf sich sanft zu mir herüber wand.
Ihr liebliches Gesicht, das meinen gier'gen Blicken
In süßer Rosenfarb' itzt völlig offen stand,
Schien plötzlich ein Gefühl von Wonne auszudrücken.
Ihr Busen hob die kleine schlaffe Hand,
Die ihn bedeckt', und aus den zarten Leinen
Sah ich das schönste Knie Narcissen überscheinen.

92.

Zerbin! O mein Zerbin! – rief sie entzückt, und schloß
Den Mund von lebenden Korallen
Gleich wieder, dem der süße Ton entfloß.
Nun hielt ich mich nicht mehr, die Wonne war zu groß!
Wer wäre nicht in vollem Überwallen
Der Dankbarkeit an ihre Brust gefallen?
Wer hätte nicht in süßer Trunkenheit
Solch einen Mund mit Küssen überschneyt?

93.

»Gewiß nicht ich!« – rief *Idris* schwärmerlich. –
So könnt ihr, was ich that, euch selbst, statt meiner, sagen.
Doch eben diese Flut von Zärtlichkeit, die mich
Auf einen Mund und eine Brust verschlagen,
Um welche noch der Ton von meinem Nahmen schlich,
Verwehrte mir, zu viel zu wagen.
Ich ließ dem Herzen nur, nicht der Begier, den Lauf.
Doch, was ich auch begann, so wachte sie nicht auf.

94.

Bey solchen Küssen unbeweglich!
Sie muß bezaubert seyn, es ist nicht anders möglich!
O *Astramond*, ich kenne dich hierin:
Bey dir allein ist Lieb' und Grausamkeit verträglich.
Doch hoffe nicht, du werdest den Gewinn
Von deiner Bosheit ziehn, eh' ich vernichtet bin.
Verlaß dich immerhin auf deine Zauberwaffen;
Die Liebe und mein Arm soll Rache mir verschaffen.

95.

Indem zog meinen Blick ein ungeheurer Hahn,
Auf einem Fußgestell von schwarzem Marmor, an.
Er schien zum Flug mit nachgeahntem Leben
Die Purpurflügel zu erheben,
Und unten ward in Gold dem Leser kund gethan:
Wem Amor Muth genug gegeben,
Der schwinge sich, um diese Dame hier
Des Zaubers zu befreyn, auf dieses edle Thier.

96.

Mir schien mit Recht die Sache sehr verdächtig,
Der alte Kabbalist liegt hier im Hinterhalt,

Dacht' ich: vielleicht ist diese Hahngestalt,
Zu meinem Untergang, mit Blitz und Donner trächtig?
Vielleicht – Doch, laß es seyn! Verrätherey, Gewalt –
Ich scheue nichts, die Liebe macht allmächtig!
Ein Blick auf meine Schläferin
Bestärkte mich in diesem kühnen Sinn.

97.

Noch einmahl warf ich mich zu ihren Füßen, küßte
Noch einmahl Stirn und Mund, und fühlt' itzt Muth genug,
Auch wenn ich mich für sie mit Riesen schlagen müßte.
Ob Astramond mich überliste,
War das, wofür ich itzt die mindste Sorge trug.
Ich schwang mich auf, der Zaubervogel schlug
Die Wolken schon mit segelgleichem Flügel,
Und plötzlich däuchte mich der *Atlas* nur ein Hügel.

98.

Wie damahls mir geschah, scheint itzt mir selbst ein
Traum.
Genug, ich fing schon an die Himmelsluft zu hauchen,
Und sah, in einer See von Sonnenstrahlen, kaum
So viel als Liebende zu stillen Küssen brauchen.
Wie nahten, glaubt' ich, uns bereits dem leeren Raum,
Als itzt mein Hahn begann sich allgemach zu tauchen.
Drauf schoß er senkelrecht als wie ein Pfeil herab,
Und warf mich unverhofft in einem Brunnen ab.

99.

Er warf mich ab, fing an zu krähen,
Schwang im Triumf die Flügel und verschwand.
Wie stutzt' ich, da ich mich am alten Orte fand,
Und alles wieder sah was ich noch kaum gesehen:
Den grünen Labyrinth, den Boden, statt mit Sand,

Mit Perlen überstreut, die thürmenden Alleen,
Und, was an meinem Witz und meinem Daseyn fast
Mich zweifeln hieß, den nemlichen Palast.

100.

Mein Wunder stieg, als sich der kleine Weiher
Mit einer Schaar von Nymfen ohne Schleier
(Der diese Tracht nicht allzu reitzend ließ)
Erfüllt', und jede mich vertraut willkommen hieß.
»Willkommen, Herr Zerbin, zu einem Abenteuer,
Das weniger gefährlich ist als süß!«
So sangen sie, und machten im Gedränge
Um mich herum den feuchten Raum zu enge.

101.

Wie schön er ist! rief eine – In der That,
Figuren dieser Art pflegt man nicht sehr zu hassen –
Es mag ganz hübsch sich von ihm wecken lassen,
Fiel eine dritte ein. Dieß dau'rte, bis ich bat,
Die Damen möchten nicht so sehr zur Unzeit spaßen.
Der Herr zieht, wie es scheint, hier die Fysik zu Rath,
Sprach eine Alte drauf: er könnte sich erkälten,
Und, ging' ein Fehler vor, so müßten wir's entgelten.

102.

Drauf stieß sie in ein Horn, und plötzlich trugen mich
Die Nymfen im Triumf ans blumige Gestade.
Ich stutzt' in keinem kleinen Grade,
Die Kurzweil däuchte mich nicht halb so lächerlich.
Hofft, sprach ich zu mir selbst, der Alte, daß er sich
Auf diese Art von mir entlade?
Er denkt doch nicht, durch diese Wasserdrachen
Mir Lust zum Unbestand zu machen?

103.

Kaum trat ich aufs Gestad, als eine andre Schaar
Von Nymfen hinter den Schasminen
Hervor geschlichen kam, die mir, so treu ich war,
Gefährlicher als ihre Schwestern schienen.
Sie näherten sich tanzend, Paar und Paar,
Und winkten mich herbey. Mit Zittern folgt' ich ihnen:
Sie sprachen nicht ein Wort und tanzten stets voran,
Bis wir das schönste Bad vor uns eröffnet sahn.

104.

Hier (fing ein Nymfchen an mir leis' ins Ohr zu raunen)
Möcht' unser Dienst vielleicht beschwerlich seyn;
Doch sorget nicht, wir lassen euch allein.
Statt ihrer wimmelten wohl zwanzig junge Faunen,
Mit goldnem Horn auf krauser Stirn, herein;
Denkt euch, Herr Ritter, mein Erstaunen!
Sie kleideten mich aus, ich saß im Bade da,
Und wußte nicht wie mir geschah.

105.

Ist, fing ich endlich an, ist euch so viel zu sagen
Erlaubt, so bitt' ich, sagt, wohin das alles zielt?
Allein sie blieben stumm; ich mochte zehnmahl fragen,
Ein schalkhaft Lächeln war was ich dafür erhielt.
Nachdem sie mich genug gerieben, abgespült,
In warme Tücher eingeschlagen,
Beräuchert und gesalbt, dann zierlich angekleid't,
Eröffnete die Thür sich plötzlich angelweit.

106.

Ein Sahl empfing mich itzt, dem in der Geisterwelt
An Schimmer gleich woselbst die Götter speisen,

Auch war die Tafel schon bestellt,
Und eine Symfonie, die Stern' aus ihren Kreisen
Herab zu ziehn geschickt, und wechselweis gesellt
Zum lieblichsten Gesang, fing an das Glück zu preisen
Das mir beschieden sey. Beglückte Schläferin!
(So schloß sich jede Strof') und glücklicher Zerbin!

107.

Nun schien mir's ausgemacht, daß irgend eine Fee,
Die meiner Liebe gnädig sey,
Mit meinen Sternen sich zu meinem Glück verstehe.
Dieß machte mich so froh und sorgenfrey
Als ob ich Lila schon an meiner Seite sähe.
Ich setzte mich und aß für ihrer drey:
Denn, laß die *Seladons* so viel sie wollen sagen,
Wer liebt sey lauter Herz; man hat auch einen Magen!

108.

Zwey *Ganymede* machten sich
Sehr viel zu thun mir fleißig einzuschenken;
Ihr schlaues Lächeln lockte mich
Den trüben Gram, das zweifelnde Bedenken
In einem Nektar zu ertränken,
Der sich wie Öhl den Gaum hinunter schlich:
Vom ersten Glase war mein Blut zu Geist geläutert,
Die Stirn' entwölkt, das Herz erweitert.

109.

Wie Rosen, buhlerisch vom Zefyr aufgehaucht,
That sich mein Busen auf; die Wünsche wurden freyer,
Die Fantasie, in Wollust eingetaucht,
Weissagte sich die schönsten Abenteuer.
Dieß seelenschmelzende, unkörperliche Feuer,
In dessen süßer Gluth die Weisheit sanft verraucht,

Fing an mit lieblich bangem Sehnen
Und süßer Ungeduld die Brust mir auszudehnen.

110.

Doch, wie beschreib' ich euch den Glanz, den Lila's Bild
Von Amors Fackel itzt in meinem Aug' erhielt!
O dieß begreift nur wer's empfunden!
Wie ward ich gegen mich mit Ungeduld erfüllt,
Daß ich was dringenders, als sie zu sehn, gefunden!
Sekunden däuchten mich itzt tödtlich lange Stunden,
Allein, kaum hatt' ich mich vom Lehnstuhl aufgerafft,
So war in einem Wink das Gastmahl weggeschafft.

111.

Banket und Saitenspiel, und Nymfen, Sängerinnen,
Und Knaben, kurz, den ganzen Speisesahl
Sah ich in Finsterniß zerrinnen;
Kaum ließ mir noch ein halb erloschner Strahl
Von ferne zu, die Thüre zu gewinnen.
Denkt, ob ich andachtsvoll mich meiner Dam' empfahl.
Ich tappte nun so gut ich konnte weiter,
Und fand zuletzt ein Zimmer wieder heiter.

112.

Ich schlich mich auf den Zehn, nicht ohne Furcht, hinein,
Indeß, beym ungewissen Schein
Von Rosenöhl, das träg' in goldnen Lampen brannte,
Mein Auge rings umher Kundschafterblicke sandte.
Allein, der erste Blick, beym Eintritt schon, erkannte
Dieß Zimmer, eben das zu seyn,
Was mich das erste Mahl zu Lila eingelassen.
Nun wußt' ich mich vor Freude kaum zu fassen.

113.

Und wie ich bald hernach im gleichen Kabinette
Ein schlafend Frauenbild mit halb entdecktem Knie
Und offnem Busen fand, auf einem Ruhebette
Von nelkenfarbnem Sammt, wie *Lila* lag – wer hätte
An meinem Platze nicht geglaubt, er sähe *sie*?
Was ihr zur Ähnlichkeit noch fehlen konnte, lieh
Der Schlafenden die Schwärmerey der Liebe:
Ich glaubte meinem Aug', und mehr noch meinem Triebe.

114.

Das matte zweifelhafte Licht,
Das Amor selbst zu seinen süßen Scherzen
Erfunden hat, (wie wenn im frühen Märzen
Aurorens Glanz mit grauen Nebeln ficht)
Beglückte den Betrug, und fälschte mein Gesicht.
Empfindungen, wie oft belügt ihr unsre Herzen!
O *Lila*, seh' ich dich? Ist's möglich? ist's gewiß?
War alles, was der Strom der Lust mich stottern ließ.

115.

In diesem Mittelstand, da, zwischen Tod und Leben,
Ganz aufgelöst in ideale Lust,
Die Seelen, kaum sich selbst bewußt,
In mystischer Entzückung schweben,
In dieser Trunkenheit, wovon ein Bild zu geben
Unmöglich ist, lag ich an ihrer Brust:
Als meine Schläferin, der ich's zu lange machte,
Durch ihrer Küsse Wuth mich zu mir selber brachte.

116.

Von einem Arme, dem selbst *Junons* schöner Arm
An Form und Weiße wich, fühlt' ich so stark, so warm,
So brünstiglich mich an die halbe Sfäre
Woran ich lag gedrückt, als ob der ganze Schwarm
Der losen Götter von Cythere
Und Venus selbst in ihn gefahren wäre:
Der andre Arm verbarg ihr abgewandt Gesicht;
Allein, mir gab bereits mein Herz ein traurig Licht.

117.

So wenig Zärtlichkeit, so buhlerische Küsse,
So viel Behutsamkeit bey so viel Gluth, bewies,
Daß mich die Hoffnung sehr betrogen haben müsse.
Der Schutzgeist reiner Liebe blies
Mir warnend ein: hier sey Gefahr; es wisse
Die Dame, die sich mir so gütig überließ,
Die Rolle, welche sie vermuthlich mit dem Alten
Zu spielen abgered't, nicht lange auszuhalten.

118.

Ich fuhr bestürzt zurück, beschaute sie genau,
Und wurde fast zum Stein vor Wunder,
Mit einer unbekannten Frau
Mich so verstrickt zu sehn. Der Angstschweiß stand wie
Thau
Mir auf der Stirne. Nicht, als hätt' es ihr am Zunder
Zur Üppigkeit gefehlt; denn blendender und runder
Als ihre Brust, und reitzender gedreht,
Hat unter Amors Hand sich keine je gebläht.

119.

Gleich lockend war was unter Nebeldecken

Zu lauern schien, und was sie mißlich fand
Aus übertriebner Scham dem Blöden zu verstecken,
Der, ängstlich zwar, doch matt, sich ihrem Arm entwand.
Kurz, fehlt' ihr gleich der Glanz vom ersten Jugendstand,
So hatte sie, Begierde zu erwecken,
Nur allzu viel, genug, die Tugend umzuwälzen,
Und das Gefühl der Pflicht in Wollust hinzuschmelzen.

120.

Die Tugend umzuwälzen? – rief
Der *Paladin* – O Freund, so war sie wohl nicht tief
In eurer Brust gewurzelt! – Mit Erröthen
Versetzt *Zerbin*: Es scheint, ihr habt in solchen Nöthen
Euch nie gesehn, worin die meine sich verlief.
Herr Ritter, ungeprüft giebt's tausend Epikteten!
Der Stärkste reitze nicht die Rache der Natur!
Was unsern Fall verwehrt ist oft ein Zufall nur.

121.

Ich kämpfte, Freund! dieß war mein Untergang.
Vor einem Fall, zu dem ein innerlicher Hang
Die Sinne zieht, kann nur die Flucht uns retten.
Die Wollust, Spinnen gleich, umwindet ihren Fang
Im Sträuben selbst mit unsichtbaren Ketten;
Und gaukeln einmahl Amoretten
Und Scherz und Freuden dicht um unser Aug' und ziehn
Die Schlinge lächelnd zu, dann ist's zu spät zum Fliehn.

122.

Die Zaubrerin! wie wohl war ihr die Kunst zu siegen
Bekannt! Zu dem gab ihr in einem solchen Streit
Selbst meine Unerfahrenheit
Den Vortheil über mich. Doch dau'rte das Vergnügen
Sich selbst und mich und Amorn zu betrügen

Nicht länger als bey mir die erste Trunkenheit.
Kaum fing mein Busen an sich matter auszudehnen,
So spielte Reu' und Zorn die schrecklichste der Scenen.

123.

Die Fee selbst erfuhr von meiner Raserey
Den ersten Sturm. Wie man sich einem Ungeheuer
Entreißt, wie aus *Medeens* Schleier,
Durchdrungen bis aufs Mark von unlöschbarem Feuer,
Kreusa – riß ich mich aus ihren Armen frey.
Wie rast' ich! – Kaum daß noch die Scheu,
Die dem Geschlecht gebührt, das sie so sehr entehrte,
Sie meiner Wuth zu opfern mir verwehrte.

124.

Vergebens rief sie alle Macht
Der schlauen Reitzungen zusammen,
Die kurz zuvor in mir so starke Flammen
Vermeinter Liebe angefacht:
Ich hörte nimmer auf, mein Schicksal zu verdammen,
Und sie, und mich, und den, der mich zu ihr gebracht.
Was sprach, was that sie nicht! – wo nicht, mein Herz zu
rühren,
Mich wenigstens noch länger zu verführen!

125.

Durch Überraschung nur, nicht durch Verführung,
kann
Die Unschuld, ungewarnt – gewarnet niemahls – fallen.
Vergebens schmiegte sie an meine Knie sich an,
Vergebens schmolz ihr Aug' in tröpfelnde Krystallen,
Vergebens war des schönen Busens Wallen!
Das Mitleid fühlt ein Stein, das sie mir abgewann.
Auch da sie endlich ohne Leben

Dahin sank, fiel mir's nur nicht ein sie aufzuheben.

126.

Nun hielt sie sich nicht mehr, denn alles war versucht,
Natur und Kunst, und alles ohne Frucht.
Die Wuth half bald ihr auf. – Was gleicht der Wuth der
Feen?
Ein Wirbelwind schien ihr die Augen umzudrehen,
Die kurz zuvor mich noch so schmachtend angesehen;
Und was ihr schöner Mund mir Böses angeflucht,
War fürchterlich genug den Furien der Höllen
Die Schlangen auf dem Haupt vor Angst empor zu
schwellen.

127.

Auch dieses half ihr nichts! Gleich unvermögend war
Die schmeichelnde und die ergrimmte Miene.
Das Ärgste was mir *Salmacine*
(So hieß sie) angedroht, der bittre Tod sogar,
Schien mir nicht mehr als meine That verdiene.
Ich bot ihr selbst mein Blut zum Opfer dar.
»Nein, rief sie wüthend aus, das hieße dir vergeben;
Nichtswürdiger! du sollst für meine Rache leben!«

128.

In ein morastiges, lichtleeres Loch gesperrt,
Umheult, umzischt von Kröten und von Schlangen,
Siech von gefäulter Luft, von Kummer ausgedörrt,
Mit hohlem Aug' und eingefallnen Wangen,
Lag ich viel Tage lang gefangen.
Die Fee selbst zuletzt fand mich bedauernswerth.
Sie hofft', ich würde nun, statt gänzlich zu verschmachten,
In ihren Armen mich noch allzu glücklich achten.

129.

Man ließ mich frey; ich sah zum zweyten Mahl
Von Nymfen mich bedient, die nun ihr Bestes thaten
Mir mehr Gefälligkeit, aus Noth wo nicht aus Wahl,
Für ihre Dame anzurathen.
Doch, was sie sagten, was sie baten,
Wie sehr mein Vortheil auch mir ihren Rath empfahl,
Nie wollte sich mein stolzes Herz bequemen
Um einen solchen Preis das Leben anzunehmen.

130.

Sie fanden diesen Stolz zur Unzeit angebracht.
Die Fee, sagten sie, hat alles was die Dienste,
Die sie von euch erwartet, rühmlich macht,
Und angenehm dazu. Ihr kennet ihre Künste
Noch lange nicht; versucht's noch eine Nacht!
Was hält euch auf? Schimären, Hirngespinste!
Bleibt eurer Lila nicht, wenn Salmacine gleich
Die Nießung hat, das Eigenthum von euch?

131.

Hinweg mit den Bedenklichkeiten
Der grillenhaften Treu'! Der Fee Forderung
Geht nicht so weit; sie wird den hohen Schwung
Von eurer Fantasie für Lila nie bestreiten;
Seyd feurig, Herr Zerbin, das ist für sie genug;
Aus Liebe oder nicht, hat wenig zu bedeuten!
Beständigkeit ist ihre Tugend nicht,
Und eh' ihr müde seyd entläßt sie euch der Pflicht.

132.

Kurz, was uns Tugend ist, das nannten sie Grimassen.
Mit welchem Grund, erfuhr die Fee bald.

Die ganze magische Gewalt
Von ihren Reitzungen ward auf mich los gelassen;
Vertumnus wechselte nicht öfter die Gestalt
Bis ihm's gelang *Pomonen* zu umfassen:
Doch ihr gelang es nicht. Ich wand mich glücklich los,
Und stellt' ein festes Herz gereitzter Rache bloß.

133.

Die schöne Furchtbarkeit kann nur ein *Rubens* mahlen,
Die ihr der Zorn bey diesem Anlaß gab.
Ihr rollend Auge schoß erst wüthend Strahl auf Strahlen,
Dann schaut' es stolz auf mich als einen Wurm herab.
Nichtswerther, bebe nicht vor wohl verdienten Qualen,
Rief sie, und hob den schwarzen Zauberstab:
Du bist zu klein für meine Rache;
Entfleuch aus meinem Blick, entfleuch und sey ein Dra-
che!

134.

Ein Drache sey und bleib' es ewiglich,
Bis du ein Mädchen findst, das fähig seyn kann, dich
So wie du bist aus Zärtlichkeit zu küssen.
So viele Großmuth find't nicht alle Tage sich,
Du wirst vielleicht ein wenig warten müssen.
Sie spricht's, läßt einen Blick voll Grimms noch auf mich
schießen,
Und sieht, so bald sie mich mit ihrem Stab berührt,
Mit schadenfroher Lust, den strengen Fluch vollführt.

135.

Und schnell entzieht die dickste Mitternacht
Die Fee mir; es bricht ein schreckliches Gewitter
Von allen Seiten aus, des Himmels Achse kracht,
Als schmettert' in erboßter Schlacht

Der Stürm' und Donner Heer das Firmament in Splitter.
Wie mir zu Muthe war, Herr Ritter,
Ist zu errathen leicht: ich fand die Scene schön,
Und hoffte unterm Schutt des Weltbaus zu vergehn.

136.

Doch, plötzlich schwieg der Sturm, die schnell entwölkten Lüfte
Vergüldete aufs neu der Morgensonne Strahl,
Und ich befand mich selbst in einem öden Thal,
Und nichts rund um mich her als Wald und Felsenklüfte.
Mir kam zu Sinn, als ich zum ersten Mahl
Mich ansah, daß man sagt, den Basilisk vergifte
Ein Spiegelglas durch seine eignen Blicke,
Und nun erbat ich nichts als Spiegel vom Geschicke.

137.

Ich guckte stundenlang in einen dunkeln Bach,
Mir den erwünschten Tod zu geben.
Allein, der Götter Schluß bestimmte mich zum Leben.
Die Zeit versöhnte nach und nach
Mich mit mir selbst und meinem Ungemach;
Ich fühlt' in meiner Brust ich weiß nicht was sich heben,
Das mich, so wenig auch mein Zustand Hoffnung ließ,
Das Ende meiner Noth von Lila hoffen ließ.

138.

Was bis hierher mit mir sich zugetragen,
Ist zwar, Herr *Idris,* euern Fragen
Genug zu thun noch nicht geschickt;
Allein, ich seh' daß euer Auge nickt:
Und da den Osten schon ein Kranz von Rosen schmückt,
Wird itzt die Morgenruh uns beiden mehr behagen,
Als alles, was in Tausend einer Nacht

139.

Kommt, wenn es euch gefällt, geliebter Paladin;
Vier Stunden Schlafs sind mehr als Goldtinktur zu schät-
zen.
Die Sterne schwinden schon; und findet ihr Ergetzen
An meinem Lebenslauf, so bin ich willig, ihn
Beym Frühstück wieder fortzusetzen.
Der Ritter dankt, und folgt dem führenden Zerbin
Gedankenvoll ins stille Schlafgemach:
Und – meine Muse gähnt und folgt dem Beyspiel nach.

Vierter Gesang

1.

Den Schlummer kann gar leicht, wer ein geliebtes Weib
Zur Seite liegen hat, an ihrem Busen finden.
Ein andres ist's wenn ihr, für eure Sünden,
Bey einer *Juno* liegt; das ist kein Zeitvertreib!
Das bannt den Schlaf, erhitzt die Galle, schwächt den Leib,
Und machte selbst den feisten *Komus* schwinden.
Indeß fand Vater Zevs, den dieses Unglück traf,
Bey guten Nymfen oft ein Mittel für den Schlaf.

2.

Allein, wer liebt, und sieht durch Alpen und durch Mee-
re
Von seiner Dame sich getrennt,
Laut mit ihr spricht als ob er bey ihr wäre,
Und erst, nachdem er lang' manch Ach! und O! ver-
schwend't,
Gewahr wird, daß sie ihn nicht höre:
Kurz, wer die Liebe nur aus ihren Qualen kennt,
Den wiegt kein Saitenspiel, kein Wein,
Kein Opiat, kein Feenmährchen ein.

3.

Der gute Paladin, den wir ganz abgemattet
Auf seinen Polstern sehn, macht den Beweis hiervon.
Indeß *Zerbin*, so süß wie ein Endymion,
Bey seiner Lila schläft, von Hymen überschattet,
Wird jenem von Cytherens Sohn
Kein Stündchen Schlaf, kein Morgentraum gestattet:
Unruhig wälzt er sich in einem finstern Meer
Sich selbst bekämpfender Gedanken hin und her.

4.

Er ändert oft den Platz, wirft bald auf dieser Seite
Auf jene bald sich hin, der Breite,
Der Länge nach, drückt fest die Augen zu,
Und hofft, sie komme nun, die lang' entbehrte Ruh;
Umsonst! die fänd' er eh' im Bauch der *glühn'den Kuh*
Als wo die Seele glüht; eh' im erboßten Streite
Der Winde mit der Flut, zu oberst auf dem Mast,
Als bey empörtem Blut auf Küssen von Damast.

5.

Verdrossen, ohne Schlaf sein Lager zu zerwühlen,
Rafft er sich auf, läßt ein zefyrisches Gewand,
Das er auf einem Sofa fand,
Um seine weißen Schultern spielen,
Und schleicht dem Garten zu, um seinen innern Brand
In frischer Morgenluft zu kühlen.
Kaum athmet er der Blumen süßen Geist,
So fühlt er, daß sein Blut in sanften Wellen fleußt.

6.

Aurora sieht ihn durch die Lauben
In deren Duft er irrt; sie seufzt, und findet ihn
(Wenn wir der losen Muse glauben)
So werth als *Cefaln* einst, ihn heimlich wegzurauben.
Man sah sie wenigstens in ihrem Lauf verziehn,
Mit Rosen ihn bestreun die im Olympus blühn,
Und sich herab von ihrem Wagen bücken,
Ihm, im Entfernen noch, die Augen nachzuschicken.

7.

Wenn sie's, die seinigen auf sich zu ziehn, gethan,
So war's umsonst: er ging ganz ruhig seine Bahn;
Was im Olymp geschah ließ ihn in stolzem Frieden.
In süßer Träumerey beschäftigt mit *Zeniden*,
Dem Gegenstand, der ohne zu ermüden
Ihn Tag und Nacht erfüllt, langt er am Ufer an,
Und fühlt sich, wie sein Blick auf den gekräusten Wogen
Dahin schwimmt, wundersam gerührt und angezogen.

8.

Im fernen Horizont, wo die azurne Luft
Die See zu küssen scheint, glaubt er im Morgenduft
Ein leicht getuschtes Land zu sehen;
Bald macht darin die mächtigste der Feen,
Die Fantasie, ein schimmernd Schloß entstehen;
Zuletzt däucht ihm sogar, es ruft
Ihm jemand zu, es lispeln ihm die Winde
Daß seine Göttin sich in diesem Schloße finde.

9.

Ihm ist's unmöglich, diesem Wahn
Und den Begierden die ihn pressen
Zu widerstehn; er denkt nicht mehr daran
Warum er schon so manches Land durchmessen;
Orakel, Statue, und alles ist vergessen:
Er will *Zeniden* sehn! »O, fänd' ich einen Kahn!
Um einen Augenblick Zeniden anzuschauen,
Würd' ich dem Ocean in einem Korbe trauen!«

10.

Kaum hat er diesen Wunsch andächtig angestimmt,
So sieht er einen goldnen Nachen,
Der, einer Muschel gleich, ihm sanft entgegen schwimmt:

Ein Liebesgott, bereit den Steuermann zu machen,
Winkt ihm hinein und scheint ihn anzulachen.
Der unverzagte Reiter nimmt
Das *Omen* freudig an, steigt ein, und überläßt
In voller Zuversicht sich Amorn und dem West.

11.

    Beglückte Fahrt, Herr Ritter! – Unterdessen
Daß ihr die See durchstreicht, vergönnt
Nach einem Freunde, den ihr leicht errathen könnt,
Uns umzusehn. Seit wir mit ihm zu Nacht gegessen
Und ziemlich hastig uns von ihm getrennt,
Hatt *Itifall* nicht lange still gesessen.
Er lief wie ein *Achill*, und sah sich, kurz vorm Schluß
Des fünften Tags, an einem breiten Fluß.

12.

    Der Strom war schnell und tief, und hatte keine Brücke,
Auch zeigte sich kein Kahn. Nun höret, was geschah!
Er wünscht es nicht so bald, so steht, aus Einem Stücke
Von adrigem Porfyr, die schönste Brücke da.
Braucht' er ein stärkres Pfand von seinem nahen Glücke?
Er hielt *Zeniden* schon in seinen Armen, sah
Sich schon gekrönt, und unumschränkter Meister
Der ganzen Welt der Elementengeister.

13.

    Er läßt den Fluß zurück, und tritt in einen Hain,
Den ich, weil *Lessing* mich beym Ohr zupft, *nicht* beschrei-
be;
Genug, er schien zum Zeitvertreibe
Der Götterchen von *Gnid* mit Fleiß gemacht zu seyn.
Die Sonne schlief bereits; allein, ihr Wiederschein,
Mit voller spiegelheller Scheibe

Von *Lunen* aufgefaßt, goß einen mildern Tag
Auf die Natur herab, die eingeschlummert lag.

14.

Durch schlangengleich gewundne Pfade
Ging *Itifall*, bis er an einen Garten stieß,
Der schöner war, als der am Kolchischen Gestade,
Wo *Jason* einst des goldnen Widders Vließ
Dem Drachen stahl. Rings um dieß Paradies
Herrscht eine goldne Balüstrade
Worauf in Urnen von Rubin
Die seltensten Gewächs' und schönsten Blumen blühn.

15.

Herr *Itifall*, von Freuden ganz berauschet,
Verschlingt bereits sein eingebild'tes Glück;
Sein schwellend Herz wird noch einmahl so dick;
Er hätte was er hofft in diesem Augenblick
Um sechs *Bengalen* nicht vertauschet.
Indem er nun so steht, und um sich schaut und lauschet,
Schlägt ein vermischt Getön, wie wenn ein ganzes Kor
Von Fröschen fernher quakt, an sein betroffnes Ohr.

16.

So tönt's wenn eine Schaar Gevatterinnen, Basen,
Und Ahnfrau'n sich um einen Säugling drängt,
Ihn schön find't, allerliebst, und zwanzig solcher Frasen,
(Indeß den Zappelnden die Amm' in Windeln zwängt)
Sein Horoskop ihm stellt, und an der klugen Nasen
Ihm ansieht, daß er einst den Doktorhut empfängt;
Zu schweigen wäre hier Verbrechen,
Und keine wird gehört, weil alle sprechen.

17.

Der Abenteurer horcht, und steht ein wenig an,
Was diese Nachtmusik von Elstern und von Krähen
(Wie ihn von ferne däucht) hier wohl bedeuten kann?
Sie schwatzen was, nur kann er nichts verstehen.
Das Beste, dessen sich der weise Mann besann,
War also näher hinzugehen.
Er schleicht hinzu, und steht euch wie bethört
Und nebeltrunken da, so bald er deutlich hört.

18.

Du seufzest, Göttliche? ruft jemand ihm entgegen:
O! – Venus seufzte selbst nicht um Adon so schön!
Sieh, wie die Sfären all' in tiefer Stille stehn,
Und Götter weinend sich zu deinen Füßen legen!
Hier war's! hier sah ich sie in Balsamwolken gehn,
Hier seufzte sie, und – ach! – nicht meinetwegen!
Wer war, o sprich, daß ich ihm fluchen mag,
Der Glückliche, der jüngst an deinem Busen lag?

19.

Auf Rosen scherzten wir, (so singen zwey zusammen)
Als aus dem schönsten Traum dein Affe mich geweckt.
Der Eifersüchtige! er hatte sich versteckt,
Und schielt' uns neidisch an als wir im Bade schwammen.
Hier *Semele* – hier bin ich, *Zevs* in *Flammen*!
Wozu die seidne Luft die deinen Busen deckt?
Wir sehen doch auf ihm die Liebesgötter gaukeln
Und mit den Grazien sich auf und nieder schaukeln.

20.

Die Sonn' ist ausgebrannt! (rief eine andre Stimme)
Und ach! der arme Mond! was half's ihm daß er rang?

Sah't ihr, wie ihn der Drach' in seinem Grimme
Gleich einem Frosch hinunter schlang?
Welch' allgemeine Nacht! Kein Sternchen das noch glim-
me!
Ihr auf der Welt da unten, ist euch bang?
Ihr Thoren, höret auf zu weinen!
Bald wird ein neuer Tag aus ihren Augen scheinen.

21.

Wie? (schrie es anderswo) bey mir vorüber gehn
Und thun als ob du mich nicht kenntest? O du Spröde!
Mich, den der Götter Schaar bey dir im Netz gesehn,
In deinen Arm verstrickt! Nennst du den Undank schön?
Du kennst mich nicht? Warst du nicht meine *Lede,*
Und ich dein *Schwan?* Besorge, daß ich rede! –
Doch komm nur diese Nacht und sey noch einmahl mein,
So schwör' ich dir beym Styx, ich will's verzeihn!

22.

Bestürzt horcht *Itifall* mit allen seinen Ohren.
Wo bin ich? ruft er endlich aus:
Hat sich das große Narrenhaus,
Die Welt, vom Ausbund ihrer Thoren
Hierher entladen? wie? was wird zuletzt hieraus?
Ist alles hier verliebt und hat den Witz verloren?
Wo sind die Sprecher denn? Unsichtbar? – Götter! wie?
Jetzt lache, *Itifall,* jetzt, oder künftig nie!

23.

Er lachte wirklich so, daß er den Bauch zu halten
Genöthigt war – Warum denn? fragt ihr mich:
Was sah er denn? was war so lächerlich?
Wir legen schon den Mund in Falten –
Ihr Herrn, der Spaß verliert durch die Beschreibung sich.

Der Ort, woher die Stimmen schallten,
War ein ovaler Platz, mit Bäumen rings umsetzt,
An denen Blüth und Frucht zwey Sinne stets ergetzt.

24.

An jedem Baume hängt ein großer Vogelbauer
Von goldnem Draht, und jeder ist das Nest
Von einem Königssohn, der, zärter oder rauher,
Nachdem die Liebesnoth ihm Brust und Gurgel preßt,
Bey Tag und Nacht sich rastlos hören läßt.
Den kühnen Itifall befiel ein kleiner Schauer,
Indem er die Entdeckung machte,
Und an den Abschiedsgruß des schönen *Idris* dachte.

25.

Er sann der Sache nach; doch, Itifalle sind
Zu lebhaft sich mit Denken zu ermüden.
Er merket was; allein er fasset sich geschwind.
»Gesetzt, es fehlt mir bey *Zeniden*,
So ist die Strafe doch gelind.
Wohlan! sein Schicksal hat noch keiner je vermieden!
Ich wag's! mir wird nicht gleich vorm Auge grün und blau;
Ein feiges Herz freyt keine schöne Frau!

26.

»Ein Cäsar, oder nichts! Ist's nicht mit einer Krone
Und in Zenidens Schooß, was frag' ich wo ich wohne?
So ist ein Käficht mir so gut als ein Palast.
Und nach dem schwärmerischen Tone
Von diesen Vögeln hier zu schließen, wünscht' ich fast
Was sie zu seyn. – Verrückt, ist glücklich! Bald ein Gast
Bey Jupitern, bald in Dionens Bette,
Genießt er beides nicht als ob er's wirklich hätte?

27.

»*Ixion*, sagt man, küßt' an Dame Junons Statt
Ihr Kammermädchen einst – und war er zu beklagen?
Gab ihm sein Irrthum nicht das nehmliche Behagen?
War ihre Wange minder glatt,
Ihr Busen minder voll? Es ist vielleicht zu fragen,
Ob er beym Tausche nicht noch gar gewonnen hat?
Ich wollte wenigstens für diese Narren schwören,
Daß sie durch Niesewurz ihr bestes Glück verlören.

28.

Doch, was besorg' ich hier? als kennt' ich nicht den Schluß
Der Sterne die zu meiner Zeugung schienen,
Und daß mir jede weichen muß
Die Blut in Adern hat. Ist dieser Göttin Kuß
Ein Abenteu'r, so wird, uns dessen zu erkühnen,
Uns nur zu größerm Ruhme dienen, –
Ihr Königssöhnchen, gute Nacht!
Vielleicht, daß eurer Noth mein Glück ein Ende macht!«

29.

So wohl gefaßt geht unser Held

Mit muntern Schritten immer weiter.
Der Vollmond macht nunmehr die ganze Gegend heiter:
Es schwimmen Bäume, Laub und Kräuter
In ungewissem Glanz, halb schattig, halb erhellt;
Das Auge glaubet sich in einer andern Welt;
Ein zärtlich Herz pocht hier mit sanftern Schlägen,
Ein *Faun* fühlt doppelt sich verwegen.

30.

So fühlt sich *Itifall*, als ihn
Ein klatschendes Geräusch zu einem Brunnen führet,
Um den in weitem Kreis sich Hecken von Schasmin,
Akazien und Amaranthen ziehn.
Ein großer Liebesgott von weißem Marmor zieret
Den Mittelpunkt, und zeigt der Welt wer sie regieret;
Er steht, und schwingt zum allgemeinen Brand
Die Fackel lächelnd stolz in seiner rechten Hand.

31.

Rings um den Brunnen sieht man in den Hecken
Zwölf Nischen angebracht; zwölf Nymfen liegen drin,
Mit Urnen unterm Arm, und jede Schwimmerin
Spritzt einen Wasserstrahl auf Amors Fackel hin,
Die Flamme, die sie scheut und liebt, zu überdecken;
Das Wasser klatscht herab, von einem großen Becken
Aus Jaspis aufgefaßt: doch, Amor, lächelnd, sieht
Der eiteln Arbeit zu, und seine Fackel glüht.

32.

Dieß mochte, denkt ihr, schön zu sehen
Gewesen seyn; doch wisset, unser Mann
Sah nichts davon; ihn zog ein andres Schauspiel an.
Auch werdet ihr mir gern gestehen,
Es sey nicht leicht die Augen wegzudrehen,

Wenn, mit gewebter Luft leicht flatternd angethan,
Ein schönes Mädchen euch erscheinet,
Das baden will und unbelauscht sich meinet.

33.

Sie hatte, wie es scheint, in einem Kahn mit Fahren
In diesem kleinen See sich eine Lust gemacht,
Als ihr die Wärm' und Lieblichkeit der Nacht,
Da Zeit und Ort der Kurzweil günstig waren,
Den Einfall, sich zu waschen, beygebracht.
Schon stand sie, nur von ihren langen Haaren
Umschattet, da, bey deren Schwärze sich
Die Weiße ihrer Haut dem frischen Schnee verglich.

34.

Sie steht mit halbem Leib um Amors Arm gekrümmt,
Und läßt die klatschenden Krystallen
Um Arm und Brust und einen Rücken wallen,
Der liliengleich im weißen Mondschein schwimmt.
So wie sie stand war Itifallen
Zwar ihr Gesicht geraubt; doch, was er sieht, benimmt
Die Hoffnung und den Wunsch, was schöners zu erbli-
cken,
Und hemmt dem Lüsternen den Athem vor Entzücken.

35.

Hier leih, o *Tizian*, den Zauberpinsel mir,
Damit, was unsern Mann so mächtiglich gerühret,
Nichts in der Schilderey von seinem Reitz verlieret:
Der Sprache Macht ermattet hier;
Dem Pinsel nur der Grazien gebühret
Das, was dem offnen Blick der flammenden Begier
Im höchsten Grad der idealen
Vollkommenheit sich darbot, abzumahlen.

36.

Er sah – was lässig – sträubend nur
Die überwundne Scham dem Blick der Liebe wehret,
Was, unverhofft erblickt, die Weisesten bethöret,
Das Meisterstück der scherzenden Natur,
Wovon uns *Lucian* den lächelnden Kontur
An jener *Venus* preis't, die man zu *Gnid* verehret;
Kurz, was in aller Welt Liebhaber immer fand,
Doch einen Tempel nur im alten Griechenland.

37.

Bey *Itifalln* war Sehn, Entbrennen, Unternehmen
Und Siegen immer einerley.
Sein Grundsatz war, (und er befand sich wohl dabey)
Der Nymfen Blödigkeit durch Bitten zu beschämen
Sey weder klug noch schön. Er raubte sonder Scheu,
Und wußt' am Ende stets den Frevel zu verbrämen:
Er schob die That auf Amors Ungeduld,
Und *Rousseau*, wie ihr wißt, vermindert seine Schuld.

38.

Wie wenig fällt in diesem Augenblicke
Der Nymf' ein Argwohn ein, daß sie verrathen ist,
Und daß, durch Amors Hinterlist,
Was Zefyr nur bisher gesehen und geküßt,
Das unbescheidne Aug' von einem Mann entzücke!
Hier, lieben Leute, zeigt sich eine kleine Lücke
Im Manuskript. – »Warum denn eben hier?« –
Das weiß ich nicht, allein war kann dafür?

39.

Daß was begegnet sey, läßt leichtlich sich ermessen,
Und nach *Schach Bahams* Sinn, was rührendes vielleicht.
Ob es die Ratten aufgegessen,
Ob der Kopist gefehlt, ist, wie dem Dichter däucht,
So ein Problem – das manchen andern gleicht,
Bey denen Nächte durch die *Burmann* aufgesessen;
Genug, daß Ihr das mangelnde Fragment
Nach eigner Fantasie nunmehr ersetzen könnt.

40.

Sie schrie, und fiel (so fährt die Handschrift fort) vor
Schrecken
In Ohnmacht rücklings ans Gestad.
Was *Angola* in gleichem Falle that,
Ist euch bekannt. – Die Schöne zu erwecken,
Wußt' euch der Knabe keinen Rath,
Als daß er in der Angst ein ganzes Wasserbecken
Ihr übern Busen goß. – Es war sein erstes Mahl;
Doch weiß man wie es ihn der schönen Welt empfahl.

41.

Für *Itifalln* sey niemand bange!
Der wußte, was die gute Lebensart
In jedem Fall erheischt. Er säumte sich nicht lange;
In solchen Dingen war sein Sinn unendlich zart.
Wie viele Zeit, wie viel Ovid'sche Kunst erspart'
Ihm diese Ohnmacht nicht! Von wie viel Prunk und
Zwange
Sah er durch diese Ziererey
Der schönen Dame sich mit Einem Mahle frey!

42.

Die Ohnmacht, die er zu besiegen

Für leichter hielt, war ungewöhnlich tief.
Zwar ihrer Nöthe nach, und nach den Wellenzügen
Der vollen Muskeln schien's, sie schlief;
Doch, unbeweglicher kann keine Säule liegen.
Sie lag nicht anders da, als lief'
Ihr Schatten schon am Stygischen Gestade:
Doch endlich seufzte sie, sah auf, und bat um Gnade.

43.

Zum Zürnen ließ der Held ihr keine Zeit:
Zürnt, wenn man euch den Mund mit Küssen schließet!
So sehr euch die Vermessenheit
Die keine Ohren hat verdrießet,
Wie schwer borgt euer Mund den Ton der Bitterkeit,
Wenn ihr, gern oder nicht, zum Schmählen lächeln müs-
set!
Sie hielt demnach mit ihrem Zorn zurück:
Doch endlich kam ein günst'ger Augenblick.

44.

Es folgten nun zu beiden Seiten
Was stets in solchem Fall bey wohl erzognen Leuten
Der Wohlstand mit sich bringt. Man riß sich von ihm los;
Man ras'te, dräute, rieb die Augen, und zerfloß
In Thränen, schwor der Frevel sey zu groß,
So was verzeih' sich nicht, und läg' er Ewigkeiten
Zu ihren Füßen! kurz, man spielte Schmerz und Wuth
Und Unversöhnlichkeit, und – spielte gut.

45.

Doch, da nichts heftig's dau'rt, so war es der Natur
Gemäß, daß endlich sich der Zorn der Schönen kühlte;
Zumahl, da Itifall, ein Meister in der Kur
Verletzter Sprödigkeit, so schlau mit ihr verfuhr,

So gut den Reuigen und den Entzückten spielte,
Daß sie sich unvermerkt von ihm besänftigt fühlte.
Es wurzeln Haß und Groll in schönen Seelen nicht;
Zudem entstellt der Zorn ein reitzendes Gesicht.

46.

Der Ausgang war, daß sie, von seinen Schmeicheleyen
Und Bitten überwunden, sich
Großmüthiglich entschloß, ihm endlich zu verzeihen:
Ein Kuß versiegelte den gütlichen Verglich.
Und nun befliß er sich die Zweifel zu zerstreuen,
Er liebe sie nicht mehr, womit gemeiniglich,
So bald bey und der Puls gelaßner schlägt,
Der Damen zärtlich Herz sich selbst zu quälen pflegt.

47.

Du zweifelst noch, mein angenehmstes Leben?
Sprach lächelnd *Itifall*; das nenn' ich Eigensinn!
Ein andrer würde dir das nicht so leicht vergeben;
Doch, stolz, wie ich auf denen Beyfall bin,
Find' ich mehr Schmeichelndes als Mühsames darin
Bedenken dieser Art zu heben.
Er überzeugte sie mit einem solchen Grad
Von Nachdruck, daß sie ihn bald um Verzeihung bat.

48.

Nur Eins gesteht mir, sprach sie, doch unverhohlen
Und ohne Schmeicheley – was war es, Freund, das dir
Beym ersten Anblick mich empfohlen?
Gesteh' es sonder Scheu. – Die Frag', erwiedert ihr
Der Held, ist kitzlich; doch, es hört uns niemand hier:
Du bist zwar schön vom Haupt bis zu den Sohlen,
Doch, ich gesteh', was mich an dir entzückt
Wird nur von Glücklichen erblickt.

49.

Wie, rief sie aus, und warf mit Inbrunst beide
Schneeweiße Arm' um ihn – ist's möglich? Welche Freude!
Doch, hoff' ich recht? Bin ich zu schnell vielleicht?
Erkläre dich. – Madam, mit etwas Kreide,
Und, weil mir diese fehlt, mit einem Kuß ist's leicht. –
Ist jemand, rief sie aus, der mir an Wonne gleicht?
O schwöre mir es sey, und nimm dafür die Krone
Des Geisterreichs und meine Hand zum Lohne!

50.

Herr *Itifall*, der sich zuvor kaum halten kann
Ihr berstend ins Gesicht zu lachen,
Fängt an beym letzten Wort ein langes Kinn zu machen,
Und starret sie aus großen Augen an:
So sieht euch einer aus, der eben itzt begann
Aus einem Traum noch zweifelnd aufzuwachen.
Wie? denkt er, ist sie's selbst? *Zenide*? – Welche ein Glück!
Das nenn' ich, wenn es ist, des Zufalls Meisterstück!

51.

Du zauderst, (fuhr sie fort) du schweigst, du bist betrof-
fen?
Hat falsche Hoffnung mich gewiegt?
Sag' noch einmahl es sey, und sagst du wahr, so liegt
Die Welt zu deinem Fuß. – Und ich, wofern mein Hoffen
(Ruft Itifall) mich dießmahl nicht betrügt,
Ich sehe gar den Sitz der Götter offen! –
»So rede denn!« – Madam, es ist wie ich gesagt.
Doch, was bedeutet denn, daß ihr so ernstlich fragt?

52.

Für dich, (erwiedert sie) den, wie ich seh', die Schlüsse
Des Götterraths mir zum Gemahl erkiest,
Darf kein Geheimnis seyn, was in die Finsternisse
Der Zukunft jedem Aug' sonst eingewickelt ist.
Du wunderst dich, du staunst? – So wisse,
Daß auf des Atlas Stirn ein alter Kabbalist,
Des Himmels Nachbar, wohnt, der alles weiß und siehet
Was je geschehen ist und künftig noch geschiehet.

53.

Er sagt den Sterblichen vorher

Was ihnen widerfährt; ob euch die Sterne hassen,
Ob sie euch günstig sind. Er braucht dazu nicht mehr,
Als euch dem Umriß nach ins Auge scharf zu fassen.
Nur muß man ihm ein wenig Freyheit lassen;
Denn, seiner Meinung nach, ist's nicht von ungefähr,
Daß sich zwey Nasen nie in allen Stücken gleichen;
Kurz, jede Muskel hat für ihn geheime Zeichen.

54.

Er sah mich wie ihr mich gesehn,
Und fand ich weiß nicht was so wundervoll und schön,
Daß nur ein Thron damit erfüllt zu seyn verdiene;
Kurz, so viel Majestät in seiner ganzen Miene,
Daß selbst die ernste *Musseline*
Von Astrakan, dem Drachen zu entgehn
Der unverhofft im Baden sie gestöret,
Nichts prächtigers dem Ufer zugekehret.

55.

Ihr haltet mich vielleicht für eitler als ich bin;
Doch, was ich sage kommt aus seinem eignen Munde;
Und alle Welt gesteht, daß in der Sternenkunde
Ihm keiner gleicht. Genug, er sah darin
Den Anfang und das Glück von unserm Liebesbunde.
Ich bin bestimmt der Feen Königin
Zu seyn, so bald durch das, was euch gerühret,
Der Prinz von Trebisond sein tapfres Herz verlieret.

56.

Wie? ruft der schlaue Gast; der Prinz von Trebisond?
Der bin ich selbst. – Ich bin es überzeuget,
Versetzt die Nymf'; es lebet unterm Mond
Kein Sterblicher, zu dem, so bald er sich gezeiget,
Ein inn'rer Zug mein Herz, als wie zu euch, geneiget.

Ja, Prinz, ihr seyd's, den mir der alte *Astramond*
Verhieß. Doch, fühlt ihr auch, erlaubet mir zu fragen,
Den Muth in euch, um Alles was zu wagen?

57.

Madam, spricht *Itifall*, (den noch der Wahn bethört
Daß sie *Zenide* sey) wem könnt' an Muth es fehlen,
Den euer Mund so göttlich hoffen lehrt?
Gebietet mir, den Blitz des Donnerers zu stehlen;
Wenn eure Augen mich beseelen,
So wag' ich's. – Gut, mein Prinz, so seyd ihr meiner werth!
(Erwiedert sie) ich liebe dieses Feuer:
Doch, ich bestimm' euch weit ein schönres Abenteuer.

58.

Liebt ihr mich, Prinz? Davon hängt alles ab! –
Wie? ruft er, läßt zu einer solchen Frage
Die Königin der Reitze sich herab?
Verdient' ich sie? – Hiermit setzt er sich in die Lage,
Ihr auf die Art, die ihm die mindste Mühe gab,
Zu zeigen, daß sie sich mit eiteln Zweifeln plage. –
Glaubt ihr, erwiedert sie, indem sie sich entreißt,
Daß dieser Ungestüm viel Zärtlichkeit beweist?

59.

Nein, Prinz, ich schließe nicht, wie manche Spröden
schließen,
Die, eurer Trunkenheit noch länger zu genießen,
Sich stellen, ob sie sich dadurch betrügen ließen,
Und, Kindern ähnlich, schreyn, daß ihr sie wiegen sollt.
Die Art wie ihr beweist, ist höchstens, wenn ihr wollt,
Gut für den Augenblick; sie zollt
Der Eitelkeit. *Ihr* sucht in solchen Proben Ehre;
W i r denken: wäre das, wenn ich nicht reitzend wäre?

60.

Allein, so denk' ich nicht, mein Prinz! ich fordre mehr.
Man kennt euch andre schon: es fällt euch gar nicht schwer,
Für jede, die euch ungefähr
In Gährung setzt, (und so viel zu gewinnen
Braucht's eben keine Huldgöttinnen)
Ganz in Entzückungen und Flammen zu zerrinnen;
Ihr glaubt wohl selbst ihr liebt, so lang' das Fieber schäumt;
Den andern Tag ist's euch ihr habt geträumt.

61.

Mich aller Sorgen zu entheben,
Daß ihr so flatterhaft wie andre Männer seyd,
Müßt ihr von eurer Zärtlichkeit
Mir unzweydeutige und neue Proben geben.
Fürs erste, Prinz, soll euer Leben
In meiner Macht, und meine Sicherheit
Für eure Treue seyn. Entflieht ihr meinen Ketten,
So kann euch nichts von meiner Rache retten!

62.

»Ich schwöre, Königin« – Ihr schwört? Nein, schwöret
nicht:
Fragt euer Herz, versprecht so viel es euch verspricht,
Nicht eine Sylbe mehr; hier gilt kein Übereilen!
Denn, bey Dianens keuschem Licht!
Ich will dein Herz mit keiner andern theilen.
Du spieltest sicherer mit Jovis Donnerkeilen,
Als mit dem Wort das du mir giebst;
Du stirbst, so bald du mich nicht über alles liebst.

63.

Wofern, spricht *Itifall*, hieran von meinem Glücke
Die Dauer hängt, so borget nur für mich
So bald ihr wollt des alten *Tithons* Krücke,
So sterb' ich nie! – Doch sagt, wie nennt die Probe sich
Die ich bestehen soll? Sie sey so fürchterlich
Sie will, was wagt' ich nicht um Einen eurer Blicke?
Prinz, spricht sie, lernt mein Herz erst kennen, dem viel-
leicht
Kein andres in der Welt an hohem Stolze gleicht.

64.

Die Damen fordern sonst, es soll, wer sie verehret,
Für alle andern stumpf und ohne Nerven seyn.
Für mich ist diese Art von Eitelkeit zu klein:
Der Schönsten Gunst wird euch von mir gewähret.
Genießt sie alle, Prinz, nehmt alle stürmend ein;
Doch, wenn ihr im Triumf aus ihren Armen kehret,
Bringt euer Herz mir unverletzt zurück,
Und findet größre Lust an meinem bloßen Blick.

65.

Besiegt Göttinnen selbst! Mir wird's zum Ruhm gerei-
chen,
Wenn jede dem, der mich bezwungen, weichen muß.
Allein der reitzendste Genuß
Soll eure Sinne nur, nie euer Herz, erweichen;
Er schwäche nie den Reitz von meinem Kuß,
Und diene mir zuletzt zum Siegeszeichen.
Kurz, treibet wenn ihr wollt mit allen euern Scherz;
Nur ich allein herrsch' über euer Herz!

66.

Madam, ihr setzt mich in Erstaunen,

Ihr liebet mich, und fordert – »Ja, mein Freund;
Ich lief're sie euch aus, die Blonden und die Braunen!
So seltsam diese Probe scheint,
So ist sie, glaubet mir, vernünft'ger als ihr meint:
Sie unterscheidet Amors Launen
Am sichersten von dieser reinen Gluth,
Die meinem Stolz allein Genüge thut.

67.

»Denkt nicht, es sey so leicht was ich von euch verlange.
Itzt macht mich der Genuß in euern Augen schön;
Doch, Prinz, vielleicht bin ich es nur so lange,
Als euer Taumel dau'rt. – Ich muß es euch gestehn,
Die Probe, die ich euch bereite, macht mir bange;
Allein das Schicksal will's: ihr *müßt Zeniden* sehn!« –
Nun werden Itifallen die Augen aufgezogen;
Doch läßt er sie nicht sehn, wie sehr er sich betrogen.

68.

Zeniden? ruft er aus, von welcher Fama sagt,
Daß wer sie sieht sogleich den Witz verlieret?
Ich denke, mancher hat das Abenteu'r gewagt
Der den Verlust nicht sonderlich gespüret.
Was mich betrifft, Madam, ich bin nicht so verzagt.
Die Neugier, ich gesteh's, hat mich hierher geführet:
Allein, was ich bereits gesehn
Macht jeden andern Wunsch auf ewig mir vergehn.

69.

»Ihr seyd ein Schmeichler, Prinz, (versetzt die schöne
Dame)
Doch nein! mein Herz verschmäht den neidrigen Verdacht!
Sey dieses Herzens werth, das dir dein edler Nahme,
Das Schicksal und mein Hang auf ewig eigen macht!

O könntest du, nach dem was diese Nacht
Geschah, mich hintergehn, ich stürbe, Prinz, vor Grame.« –
Dich hintergehn? Ist's möglich, ruft der Held,
Daß unser Glück solch eine Furcht vergällt?

70.

Doch, wenn du zweifeln kannst, warum von mir begeh-
ren
Daß ich Zeniden seh'? – »Ich fordre wohl noch mehr;
Besiegen sollst du sie! Das Abenteu'r ist schwer:
Ja, wenn nicht deinen Muth ein glücklichs Ungefähr
Begünstigt, könnt' es leicht die Hoffnung ganz zerstören
Die meinen Busen schwellt. – Dir dieses zu erklären
Verbeut Aurora mir, die schon den Morgen weckt;
Wir sind verloren, Prinz, wenn jemand uns entdeckt.«

71.

Grausame, ruft er aus, es ist noch weit vom Morgen,
Wie könnt' ich schon – »Still! Nichts von Zärtlichkeit!
Entweicht in jenen Wald, und haltet euch verborgen,
Bis uns die Mitternacht den Schleier wieder leiht.
Ein Umstand quält mich nur – ich habe nichts bereit
Euch zu erfrischen.« – Sey hierüber ohne Sorgen,
Spricht *Itifall*; hier ist ein Talisman,
Mit dessen Beystand ich ein wenig zaubern kann.

72.

Den besten Wein, die niedlichsten Gerichte
Setzt er in Wüsten mir, so bald ich winke, vor,
Belustigt mit Musik aus stiller Luft mein Ohr,
Vertreibt die Nacht mit zauberischem Lichte,
Und weiset mich zurecht wenn ich den Weg verlor.
Ihr glaubt vielleicht, ich scherze oder dichte;
Allein er kann noch mehr: dieß Stückchen Feengold

Verwandelt mich in welche Form ihr wollt.

73.

Was sagt ihr, Prinz? ruft *Rahimu*, vor Freuden
Ganz außer sich: ihr könnt durch euren Talisman
Euch, wie ihr wollt, in fremde Formen kleiden?
Nun können wir uns ohne Kummer scheiden!
Ich seh', ihr habt den Ring des Königs *Kormoran*;
Und nun ist nichts, das uns den Sieg entziehen kann!
Umarme mich, mein Prinz! Eh' jene Sterne scheinen,
Soll dieser Liebesgott uns wieder hier vereinen.

74.

Der Prinz von Trebisond, er wolle oder nicht,
Muß ihren Armen sich entreißen,
Und, bis in nächster Nacht die spätern Sterne gleißen,
Die Ungeduld der Neugier schweigen heißen,
Die kaum erwarten kann bis ihm ihr Unterricht
Ein Räthsel löst, das vieles zwar verspricht,
Doch wenig Anschein zeigt. Hier lassen wir ihn gehen,
Um wieder uns nach *Idris* umzusehen.

Fünfter Gesang

1.

Warum und wie der schöne Paladin
In einem Überfall von schwärmendem Verlangen,
Um seines Herzens Königin
Zu sehn und ihre Knie fußfällig zu umfangen,
Uneingedenk des Freunds Zerbin,
Früh, da noch alles schlief, zu Schiff davon gegangen,
Und Amorn sich dabey zum Steuermann erwählt,
Hat euch bereits das vierte Buch erzählt.

2.

Es fährt sich schnell und sanft in einem Zaubernachen:
In zehn Minuten stieg Herr *Idris* schon ans Land.
Doch wie erschrak der Mann, da, statt der schönen Sachen
Die ihn gelockt, er eine Wildniß fand!
Ein felsiges Geripp', bewohnbar nur für Drachen,
Und öde Gegenden, wo nicht ein Bäumchen stand!
Er sucht das Feenschloß, das aus der Insel Mitte
Zu steigen schien, und sieht nicht eine Fischerhütte.

3.

Mit jedem neuen Schritt entdeckt
Sich ihm ein Gegenstand der neue Furcht erweckt.
Doch, *Idris* wandelt fort, obgleich die öde Stille
Ein todweissagendes Gebrülle
Der Ungeheuer bricht, die diese Wildniß heckt.
Auf einmahl wirft der Sturmwind eine Hülle
Von siebenfacher Nacht um den erstickten Tag,
So daß der Ritter kaum sich selbst erkennen mag.

4.

Erwartungsvoll, was alles dieß
Am Ende werden soll, doch ohne sich zu scheuen,
Bleibt *Idris* stehn, als schnell der Schlund der Finsterniß
Entsetzlich gähnt, um Flamm' auf Flammen auszuspeyen;
Der Donner ras't, ein allgemeiner Riß
Scheint jeden Augenblick des Himmels Fall zu dräuen,
Die Erde schwankt, ein ungeheurer Spalt
Zerreißt sie, und entdeckt der Schatten Aufenthalt.

5.

Und aus dem Abgrund steigt ein Heer von Amfisbänen
Und Höllenlarven auf, grotesker ekelhaft,
Als durch der Milzsucht Schöpfungskraft
Schlaflose Mütterchen, bethaut vom Zaubersaft
Der *Fee Mab*,[16] zu sehen wähnen;
Sie athmen Flammen aus, und grinsen mit den Zähnen.
Man weiß, Herr *Idris* hatte Muth;
Doch dieses Mahl gerann sein ritterliches Blut.

6.

Was soll er thun? – Den diamantnen Degen,
Der itzt so nöthig war, ließ er im Schlafgemach
Beym Freund Zerbin zurück – und nur mit O! und Ach!
Läßt ein Gespensterheer sich nicht zu Boden legen.
In dieser Noth war alles viel zu schwach
Was Kräfte der Natur vermögen.
Was thut, wenn alles fehlt, ein ächter Rittersmann?
Er ruft den Schutz von seiner Göttin an.

7.

Der Ritter rufet kaum *Zeniden*, so zerfließen

---

[16] ShakspearesQueen Mab, welche Merkuzio in Romeo und Juliet beschreibt.

Die Ungeheu'r in Luft, der Donner rollt nicht mehr,
Es flieht der Stürme wüthend Heer;
Die Wolken hören auf zu gießen,
Und plötzlich macht der Sonne Wiederkehr
Des schönsten Anblicks ihn genießen
Der einen Wanderer sich jemahl dargestellt;
Kurz, ihn bedünkt, er sey in einer andern Welt.

8.

Die Luft, die *Yemens* bezauberte Gefilde
Durchwürzt, ist nicht so rein und milde
Und so balsamisch nicht, als die er in sich zieht;
Der Bäume glänzend Laub, der Schmelz der Blumen glüht
Als ob die Sonne sich in so viel Spiegeln bilde.
Er steht entzückt und übersieht
Ein unbegrenztes Feld, das einem Garten gleichet,
Dem alles, was er noch gesehn, an Schönheit weichet.

9.

Gut! – aber doch wird ihm das leichte Nachtgewand,
Worin er Morgenluft zu schöpfen ausgegangen,
Gebadet wie er sich durch jenen Sturm befand,
Sehr unbequem um seine Schultern hangen.
Ihr Herrn, erinnert euch, wie sind im Feenland:
Der Sturm, der ihn so ungeneigt empfangen,
Der Wolkenbruch, das ganze Höllenfest,
War lauter Zauberwerk, das keine Spuren läßt.

10.

Nun fürchtet er nicht mehr daß ihn sein Herz betrogen.
Voll süßer Hoffnungen irrt er getrost wohin
Sein Fuß ihn führt, und wird durch tausend grüne Bogen
Und Rosenbüsch' und Lauben von Schasmin
In einen Labyrinth, der ohne Ausgang schien,

So unvermerkt hinein gezogen,
Daß ihm die reitzende Gefahr
Nicht sichtbar ward, bis er gefangen war.

11.

Der Ausgang, ja sogar der Wunsch ihn auszufinden,
Wird immer schwieriger, je mehr er sieht und hört;
Ein wollustgirrendes Getön von Flöten stört
Der Sinne Ruh, und schleicht in schlängelnden Gewinden
Ins Herz sich ein; er glaubt sich zärtlich zu empfinden,
Da doch allein des Blutes Lauf sich mehrt;
Es wird bey dessen Reitz und wollustreichem Pressen
Auf einen Augenblick *Zenide* selbst vergessen.

12.

Ihn laden überall gewogne Schatten ein;
Hier binden Zefyrn ihn mit einer Rosenkette,
Dort reicht von einem Blumenbette
Die schönste Nymf' ihm lächelnd Götterwein;
Wie winkt sie ihm! Der müßte Marmor seyn,
Der ihr zu nahn sich nicht versucht gefühlet hätte.
Der Ritter fühlt's, hebt mit verstohlnem Blick
Den Fuß, hält plötzlich ein, und zieht ihn scheu zurück.

13.

Er flieht – die Flucht allein kann uns vor Amorn schüt-
zen –
Als eine schönere, vom kühnsten *Faun* gejagt,
Ihm in die Arme läuft. – Hier galt's, sich zu besitzen!
Die Nymfe weiß vor Angst nicht was sie thut noch sagt;
Doch *Idris*, eh' er noch sie anzuschauen wagt,
Fühlt sie bereits bis zu den Fingerspitzen.
Wie ward ihm erst zu Muth', als ihn sein Auge lehrte,
Es sey die nehmliche, die ihn im Bade störte.

14.

Er will sich mit Gewalt aus ihren schwanenweißen
Ihn fest umschlingenden gedrehten Armen reißen:
Sein eigner Arm versagt ihm die Gewalt!
Er schließt die Augen zu, die reitzende Gestalt
Nicht mehr zu sehn: doch was an seinem Busen wallt
Und sympathetisch klopft, kann er nicht ruhen heißen;
Er will sie sanft zurücke schieben;
Die ungelehr'ge Hand folgt angenehmern Trieben.

15.

Was ihn aus mancher Noth schon riß,
Wozu in Fährlichkeit mit Drachen und mit Damen
Die *Galaor und Amadis*
Und *Don Quischotten* stets die fromme Zuflucht nahmen,
Dieß Mittel, oder sonst kein andres, hilft gewiß!
Sein Schutzgeist raunt ihm's zu. Er ruft *Zenidens* Nahmen,
Und plötzlich fühlt er Kraft; er reißt sich los und läuft,
Daß Nymfen, die so fliehn, gewiß kein Faun ergreift.

16.

Der Lohn der Tugend folgt dem edlen Unterfangen.
Er floh aus diesem Zaubergrund
Die Hälfte kaum von sieben *Parasangen*,[17]
So war er der Gefahr entgangen,
Und sah auf einmahl sich in einem weiten Rund,
In dessen Mitt' ein Dom von edler Bauart stund,
Doch ohne Schmuck, gestützt auf Jaspissäulen,
An deren Einfalt sich die Augen nicht verweilen.

---

[17] Persische Meilen, deren ehemahls fünf und zwanzig auf einen Grad gerechnet
werden.

17.

Wie freudig klopft sein Herz, da er das Ziel erblickt
Das von *Zeniden* ihn vertrieben!
O Göttin, ruft er aus, (vielleicht zu früh entzückt)
Ich hoffte nicht umsonst, du wirst, du wirst mich lieben!
Hier ist der Ort, den mir dein schöner Mund beschrieben;
Sein Bild ist allzu tief in meine Brust gedrückt:
Er ist's, ich kann mich nicht betrügen;
Hier soll der Liebe Macht des Schicksals Neid besiegen!

18.

Zwar kühn und mehr als kühn, unmöglich scheint was ich
Mich unterfing hier zu erstreben.
Ein Bild, das fühllos ist, beleben?
So etwas nur zu dichten, ließe sich
In einem Mährchen kaum vergeben.
Doch was vermag ich nicht durch Amorn und durch dich?
Kann's mehr als eine Gluth so wie die meine brauchen,
Dem Marmor selbst den Geist der Liebe einzuhauchen?

19.

So denkt der Paladin, und naht mit Zuversicht
Dem wundervollen Abenteuer,
Von dem er sich *Zenidens* Herz verspricht –
Dem Bilde, das, verhüllt in einen seidnen Schleier,
Hier einsam steht. Bald wankt sein Muth, es ficht
Begier und Furcht in ihm; bald wird er wieder freyer,
Er wagt's; doch schaudert ihm, indem er sich erkühnt
Die Seide wegzuziehn, die ihr zum Kleide dient.

20.

O wag' es nicht, wenn du, anstatt es zu beseelen,

Nicht selbst zum Felsen werden willt!
Doch der Verwegne wagt's, enthüllt
Kühn den fatalen Stein, und sieht – O warum fehlen
Mir Farb' und Pinsel hier, statt frostig zu erzählen.
Zu mahlen, wie ihm ward, als er *Zenidens* Bild
Erblickt! – Ihr Bild? O nein; *sie selbst!* so warmes Leben
Vermag die Kunst dem Marmor nicht zu geben!

21.

So, wie die Holde stand, entstieg dem blauen Meere,
Mit eigner Schönheit nur geschmückt,
Ans Cyprische Gestad die Göttin von Cythere,
Und um sie drängte sich der Götter Schaar entzückt,
Und jeder wünscht, daß er der erste wäre,
Den dieser Mund, den diese Brust beglückt.
Vollkommners hat die Sonne nie bestrahlet,
Besungen kein Poet, kein Tizian gemahlet.

22.

Doch, wäre dieses Bild auch minder schön gewesen:
In *Idris* Augen war nichts schöners in der Welt;
Es war *Zenidens* Bild – Ist nicht was uns gefällt
Das liebenswürdigste der Wesen?
Von Amors Zauberlicht erhellt,
Däucht uns an ihm sogar ein Fehler auserlesen.
Er steht entzückt, und glaubt, je mehr er sieht,
Daß warmes Blut in diesem Marmor glüht.

23.

Sehr selten oder nie betrügt uns, was man fühlt;
Der Irrthum liegt allein in übereilten Schlüssen.
Der Ritter sieht, daß Geist in diesen Augen spielt,
Fühlt durch ihr Lächeln sich versuchet sie zu küssen,
Und wußte nicht, (wie konnt' er's wissen?)

Daß eine *Nymf* im Stein unsichtbar Wache hielt.
So nenn' ich sie, damit der Reim sich füllen lasse,
Doch war sie in der That von einer andern Klasse.

24.

Ihr kennt die Geisterart, womit der Graf *Gabalis*
Den *Feuerkreis* (wofern ein solcher wäre)
Bevölkert hat? Sie macht, das ist gewiß,
Der Fantasie des Kabbalisten Ehre.
Nichts schöners, zärtlichers, geistreichers überdieß
Als (seinem Urtheil nach) die Damen dieser Sfäre [18].

Ihr Blick ist Sonnenschein, ihr Athem Rosenduft,
Ihr ganzes Wesen Licht, und ihr Gewand von Luft.

---

[18] Les femmes des Salamandres sont belles et plus belles même que toutes les autres, puisqu elles sont d'un Element plus pur.
Entretiens sur les Sciences secrettes, Tom. I. p. 28.

25.

Von dieser Gattung war *Amöne*,
In deren Schutze sich Zenidens Bild befand.
Zum Unglück warf die feuerfarbne Schöne
Die Augen kaum auf unsern Mann, so stand
Durch einen Pfeil von Amors straffer Sehne
Ihr zärtlich Herz bereits in vollem Brand,
So fühlte sie den stärksten Trieb erwachen,
Mit diesem Sterblichen unsterblich sich zu machen.

26.

Zenidens Bild war sehr von jenen unterschieden,
An denen sich die Affen der Natur,
Die *Fidias*, in hartem Stein ermüden.
Was unser Aug' an jenen täuscht, ist nur
Die äußre Form, der wallende Kontur;
Das Innre bleibet roh: doch *dieses* glich Zeniden
Sogar im innern Bau; es hatte Fleisch und Bein,
Die *Seele* fehlt ihm nur, um ganz *sie selbst* zu seyn.

27.

Ihr wundert euch wie dieses zugegangen?
Geduld! die Zeit macht alles offenbar.
Genug, daß dieser Punkt dem zärtlichen Verlangen
Der *Salamandrin* günstig war.
Sie macht ihn sich zu Nutz. Schon glühn die blassen Wan-
gen,
Schon spielt der Liebe Geist im blauen Augenpaar;
Die neue Seele macht schon jede Nerve beben,
Und schwellt die schöne Brust mit jugendlichem Leben.

28.

Amöne wußte selbst, als sie dies alles that,

Nicht, oder doch nicht deutlich, was sie wollte;
Sie sah nicht, oder sah zu spat,
Daß, was in *Idris* Augen rollte,
An diesem Platze, den sie hier vertrat,
Vermuthlich Folgen haben sollte.
Wie leicht geschieht's, wenn Amor euch berückt,
Daß ihr verwickelt seyd eh' ihr das Netz erblickt?

29.

Sie ward es erst gewahr, als *Idris*, hingerissen
Von sympathetischer Gewalt,
Der eingebildeten *Zenide* sich zu Füßen
Vergeistert wirft, und unter feur'gen Küssen,
Auf ihre Hand gedrückt, gebrochne Sylben lallt.
Jetzt stutzte sie, erröthete, beschalt
Sich selbst, und übersah mit innerlichem Grauen,
Wie übel sie gethan, zu viel sich zuzutrauen.

30.

Ihr flüstert Amor zu: es wäre Seltsamkeit,
Wenn sie den Vortheil nicht aus seinem Irrthum zöge,
Den Zufall und Gelegenheit
Ihr ungesucht so nahe lege.
Der Anblick seiner Gluth und süßen Trunkenheit
Benebelt ihr Gesicht, macht ihre Sinne rege.
Sie scheut und wünschet doch die unbekannte Lust,
Und ein verhaltnes Ach! erhebt die Rosenbrust.

31.

Begeistert, außer sich, verloren in Entzücken,
Vergißt der Paladin der Ehrfurcht strenge Pflicht,
Erkühnt sich schon mit liebetrunknen Blicken
Sein thränendes Gesicht an diese Brust zu drücken,
Der's immer mehr an Kraft zum Widerstehn gebricht;

Stets lässiger und matter ficht
Die holde Scham mit Amors süßem Triebe:
Zu gutem Glückt erwacht der Stolz der Eigenliebe.

32.

Er, der so oft der Tugend Schutzgeist ist,
Entreißt sie plötzlich Amors Netzen.
Wie nun? sie sollte nicht sich selber höher schätzen,
Als sich durch schnöde Hinterlist
An einer andern Platz zu setzen?
»Der schöne Ritter glaubt daß er *Zeniden* küßt,
Und ich – mir graut es nur zu denken –
Ich sollt' an einen mich, der mich nicht liebt, verschenken?

33.

»Ich sollt' ihm die Gestalt, worin ich sicher bin
Daß keine mir den Vorzug raubt, verhehlen,
Und eine Nebenbuhlerin,
Die mir an Reitzen weicht, beseelen?
Liebkosungen, die sein getäuschter Sinn
Nicht mir bestimmt, ihm heimlich abzustehlen?
Nein, Amor! was man auch von deiner Allmacht spricht,
So tief erniedrigst du Amönen ewig nicht!«

34.

So denkt sie, und indem von Grad zu Grade freyer
Sein Arm allmählich sich um ihre Hüften schlingt,
Steht plötzlich um und um der ganze Dom in Feuer;
Drauf folgt ein Donnerschlag, der Mark und Bein durch-
dringt;
In Flammen eingewickelt, springt
Aus deinem Arm, *Zenide*, dein Getreuer
Bestürzt, doch unversehrt, zurück,
O Wunder! – und verschwind't im gleichen Augenblick!

35.

Weg ist er, keine Spur wird mehr von ihm gesehen!
Denn wer nicht doppelt ist kann nur an Einem Ort
Auf einmahl seyn. Ihn nahm, die Wahrheit zu gestehen,
Die *Salamandrin* mit sich fort.
Erstaunt, wie ihm dabey geschehen,
Find't *Idris* sich an einer Quelle Bord,
Die, statt gemeiner Flut, ein trinkbar Gold ergießet,
Und über Perlen hin durch Rosenbüsche fließet.

36.

Durch Rosen zwar, doch denen wenig gleich
Die in der Unterwelt an jungen Busen blühen:
Ein einz'ger Rosenstock, wie hier viel hundert glühen,
Ein einz'ger gälte wohl bey euch,
Ihr Leutchen unterm Mond, ein kleines Königreich;
Allein er läßt sich nicht in unsern Grund verziehen.
Hier, wo die reinste Gluth den Stoff veredelt hat,
Blüht duftender Rubin, sproßt Türkis und Granat.

37.

Hier sieht man, was uns Armen kaum in Träumen
Zu sehen wird, die Edelsteine *keimen*;
Von Blumen solcher Art vermischt auf jeder Flur
Den farbenreichen Schmelz die chymische Natur;
Eßbares Gold reift auf smaragdnen Bäumen;
Der Wein ist trinkbar Feu'r, zu dem *Tokayer* nur
Wie Wasser sich verhält, worin besorgte Schenken
Die scharfe Jugendkraft des Neckarweins ertränken.

38.

Wie unserm Helden war, vermuthet jedermann,
Der sich im Geist an seine Stelle,
In Büsche von Smaragd, an eine frische Quelle
Von Aqua d'Oro setzen kann.
Er starrt erstaunt die neuen Wunder an,
Zählt sich die wunderbarsten Fälle,
Die ihm begegnet, vor, und muß sich selbst gestehn,
Er habe nichts unglaublichers gesehn.

39.

Er hätt' auch seinen eignen Sinnen
Für dieses Mahl vermuthlich nicht getraut
Allein, was er beym ersten Schritte schaut,
Läßt zu Betrachtungen ihn keine Zeit gewinnen.
Denn plötzlich schimmern ihm die Zinnen
Des herrlichsten Palasts, den Geister je erbaut,
In sein geblendet Aug', und aus der Pforte gehen
Drey Fräulein, reitzender als Feen.

40.

Es mangelt ihnen nichts um *Grazien* zu seyn,
Als daß sie nicht ein wenig nackter waren;
Denn, das Gesicht des Paladins zu sparen,
Umschatteten leicht wallende *Simaren*[19]
Von himmlischem Azur, durchwebt mit Sonnenschein,
Den schönen Leib; auch hüllt die Stirn ein Schleier ein,
Der, wenn er fällt, die dickste Mitternacht
Durch ihre Blicke gleich zum hellsten Mittag macht.

41.

---

[19] Simare. Ein aus dem Französischen entlehntes Wort, womit vor etlichen
Jahrhunderten eine Art von langem, schleppenden Kleid vornehmer Damen
bezeichnet wurde.

Es wallt ein Meer von lieblichern Gerüchen,
Als die von Ceylons Strand in meilenlangen Strichen
Den Schiffenden der Ost entgegen weht,
Von ihnen her. Mit sanfter Majestät,
Und Reitzen, die sich schon ins Herz hinein geschlichen
Eh' sich das Herz besinnt und widersteht,
Gehn sie auf *Idris* zu, begrüßen ihren Gast,
Und führen ihn zum schimmernden Palast.

42.

Er folgt den unbekannten Dreyen
Mit ritterlicher Höflichkeit.
Beym Eintritt in den Hof erwarten ihn zwey Reihen
Von Nymfen, alle jung und lauter Lieblichkeit,
Ihm Blumen in den Weg zu streuen
Mit Körbchen theils, theils mit Musik bereit,
Und in der neuen Welt, in die er eingegangen,
Ihn im Triumfe zu empfangen.

43.

So wird, von allem dem, was Aug' und Ohr ihm rührt
Bezaubert und verwirrt, durch stolze Säulengänge
Und Sähle voller Glanz, im festlichen Gepränge,
Zur Königin die dieses Land regiert
Der schöne Ritter eingeführt.
Auf einmahl schweigen nun die himmlischen Gesänge,
Indem der reiche Vorhang steigt
Und dem Geblendeten – Amönens Schönheit zeigt.

44.

Itzt, edler Paladin, itzt rufe deine Kräfte
Zusammen, itzt beweise deine Treu'!
Du machtest, es ist wahr, dich einmahl oder zwey

Von den Umhalsungen der Wassernymfe frey;
Hier findest du ein schwereres Geschäfte!
Behutsam, schöner Ritter! – Hefte,
O hefte nicht so lang' dein kühnes Augenpaar
Auf die zu reitzende Gefahr!

45.

Gesteh, daß dir das Land der Feen,
Obgleich dein Vaterland, nichts schöners je gezeigt!
Gesteh, hätt'st du zuvor *Amönens* Reitz gesehen,
Eh' du *Zeniden* sahst – Doch, nur zu sehr gestehen
Dein Aug' und selbst dein Herz, das ganz ins Auge steigt,
Du fühlst zur Untreu' dich zum ersten Mahl geneigt;
Versucht zum wenigsten; denn auch die treuste Liebe
Schützt uns nicht allemahl vor einem raschen Triebe.

46.

Was sie gefährlich macht, ist nicht die Symmetrie
Der himmlischen Gestalt, der Glanz der schönsten Farben;
Die bloße Schönheit zeugt Bewundrung, Liebe nie,
Und läßt, auch wenn sie uns verwundet, keine Narben:
Der *Geist*, die *Seele* war's, die ihr die Herzen warben,
Die alldurchdringende Magie
Die ein gefühlvoll Herz um sich herum ergießet,
Was ihr nicht nennen könnt und tief empfinden müsset.

47.

Herr *Idris* fühlt's – Doch, ein Gedanke bloß
An seine Statue,[20] an die geliebten Züge,

---

[20] Wir zweifeln sehr, ob dieses zwar ursprünglich fremde, aber schon so lange
bey uns einheimische Wort (ungeachtet wir gelegentlich auch die Wörter, Bild,
Stein, Marmorbild u.s.w. statt desselben gebrauchen können) dem Deutschen
Dichter (dem es oft bequemer als jene ist) mit Recht genommen werden könne.

An diesen Blick, von dem sein Herz zerfloß,
Macht aus dem magischen unsichtbarn Netz ihn los,
Worin es schien daß sich sein Geist verfliege.
Du selbst, *Amöne*, hast voreilig dir zum Siege
Den Weg gesperrt! Den Reitz, wodurch er sich
Vor dir beschützt, erhielt Zenidens Bild durch dich!

48.

Gleich unempfindlich war die göttliche *Sylfide*
Und ihre Statue. Wie viel verlorne Müh
Verschwendete der Ritter nicht an sie!
Wie ward er oft der eiteln Arbeit müde!
Nichts, als die Zauberey von einer Sympathie
Die ihm zu mächtig war, erhielt ihn bey *Zenide*.
Nie las er das gesehnte Glück
Geliebt zu seyn in ihrem kalten Blick.

Nur erinnern wir, daß es nicht wie das Französische Statüe, sondern als ein
Deutsches Wort, das in der Aussprache einen Daktylus hören läßt,
ausgesprochen werden müsse.

49.

Nur dann, wenn er das Bild beseelen könnte,
Das Werk der Zauberkunst, woran der Sterne Schluß
Ihr Schicksal band und seines, dann vergönnte
Die Hoffnung ihm der spröden Schönen Kuß,
Von der er sich, es aufzusuchen, trennte.
Amöne, die dieß Bild im Dom bewachen muß,
Läßt sich, da *Idris* kommt, vom Liebesgott erhaschen,
Und will, zu beider Lust, den Ritter überraschen.

50.

Aus allem scheint, daß jene Klausel ihr
Verborgen war. Doch, dem sey wie ihm wolle,
Uneingedenk, daß man vollenden solle
Was man begann, sah sie zu spät die Ungebühr
Der allzu rasch auf sich genommnen Rolle.
Stolz war's, nicht Tugend, was die lockende Begier
In diesem Busen übermochte,
Der unter *Idris* Mund von ihren Seufzern pochte.

51.

Nun büßt sie ihr Vergehn. Der Ritter, dem die Liebe
Zenidens Bild so warm, so glühend, so beseelt,
Mit Augen, deren Feu'r dem Sieger kaum verhehlt
Daß nur die Scham sein nahes Glück verschiebe,
Stets vor die Stirne mahlt, und durch die stärkern Triebe
Sein tapfres Herz zu jeder Probe stählt,
Der Ritter fühlt nur schwach, was seine Treu', ich wette,
Zu einer andern Zeit ganz überwältigt hätte.

52.

Amöne sieht, (denn ihr Geschlecht
Hat, wie man weiß, für solche Dinge

Den sechsten Sinn) sie sieht was ihre Reitze schwächt,
(Ihr eignes Werk!) und zürnt mit bestem Recht
Auf sich allein; sie liegt allein in ihrer eignen Schlinge.
Doch, daß sie nach und nach ihn zum Gehorsam bringe
Zu zweifeln, fällt ihr gar nicht ein;
Sie kennt das Herz zu gut, so kleines Muths zu seyn.

53.

Mit schlauer Kunst verbirgt sie ihm, und allen
Die um sie sind, den Zweck ihm zu gefallen:
Zwar folget Fest auf Fest; man höret nichts als Scherz,
Musik und Tänz' in ihrem Schloß erschallen,
Doch ohne daß es schien, man wolle an sein Herz.
Den Vorwand gab der Trübsinn und der Schmerz
Der auf der Stirn ihm saß, und welchen zu verhehlen,
So sehr er sich bemüht, ihm oft die Kräfte fehlen.

54.

Die Freundschaft beut ihm alles was sie kann,
Um seinen Unmuth zu zerstreuen,
Aus ihrem schönen Mund mit so viel Anmuth an,
Versichert ihn so oft, es würde sie erfreuen,
Wofern das was ihn drückt vielleicht ein kühner Plan
Zu Abenteuern ist, ihm ihre Macht zu leihen:
Daß *Idris* sich zuletzt entschließt,
Und sein Geheimnis ganz in ihren Schooß ergießt.

55.

Unstreitig ist's, daß euch ein schönes Weib
Mit ihrem Schooßhund oder Affen
Weit lieber reden hört, den schalsten Zeitvertreib,
Sogar – euch, pfeifend, selbst im Spiegel anzugaffen,
Ja, auf den Sofa hin mit halbem Leib
Gelagert, neben ihr zu gähnen und zu schlafen,

Viel eher euch verzeiht, als eine Litanie
Von dem was euer Herz erfährt und – nicht für sie.

56.

Kein schlechters Mittel ist um seinen Hof zu machen,
Das ist gewiß! – Erzählt so schön ihr wollt,
Ihr macht die Weil' ihr lang, und sprächt ihr lauter Gold;
Sie gähnt, wenn ihr mit euern schönen Sachen
Das *Gegentheil* von dem, was ihr beweisen sollt,
Ihr noch so stark beweist. Sprecht ihr vom grünen Drachen,
Vom goldnen Pferd, vom blauen Vogel vor;
Mit fremdem Lobe nur verschont ihr zärtlich Ohr!

57.

Herr *Idris* sündigte sehr wider diese Regel;
Allein *Amöne* macht die Ausnahm' auch von ihr.
Aufmerksam sitzt sie da, gerader als ein Kegel,
Mit unverwandtem Aug' und lauschender Begier;
Und unterlag auch oft die sanfte Langmuth schier,
So nagt sie lächelnd sich die rosenfarbnen Nägel,
Besieht die Linien in ihrer weißen Hand,
Dreht ihren Ring herum, und spielt mit einem Band.

58.

Der Ritter spricht ihr von *Zeniden*
Uns seiner Leidenschaft, entzückt wie ein Poet,
Und mit sich selbst wie ein Poet zufrieden;
Er glaubt, weil *ihm* dabey die Zeit so schnell vergeht,
Die schöne Hörerin so wenig zu ermüden
Als *sich,* und sorget nur, wie schwärmend und gebläht
Auch seine Sprache tönt, daß er zu matt erzähle,
Daß seinen Farben Kraft, dem Ausdruck Feuer fehle.

59.

Die stärkste Schwärmerey erschöpfet sich zuletzt,
Und endlich hört auch *Idris* auf zu sprechen.
Amöne, welche sich inzwischen vorgesetzt,
So bald er fertig ist, (denn endlich muß es brechen)
Für den Roman, womit er sie ergetzt
Und abkühlt, vollständig sich zu rächen,
Rühmt seine Treu', lobt ihren Gegenstand,
Und zeigt, Zenidens Werth sey ihr nicht unbekannt.

60.

So sehr sie ihn deßwegen glücklich preiset,
So ändert unvermerkt ihr Ton sich in Be moll.
Sie sieht, indem sie ihn mit schwacher Hoffnung speiset,
Bedenklich aus, sie seufzt, und spricht geheimnißvoll;
Kurz so, daß was sie sagt und *nicht* sagt ihm beweiset
Es sey nicht alles wie es soll.
Er dringt so stark in sie, sich näher zu erklären,
Daß sie genöthigt ist, die Bitte zu gewähren.

61.

Wie ungern, fängt sie an, entschließt die Freundschaft
sich
Den süßen Irrthum dir auf ewig zu benehmen!
Die Hoffnung, die du nährst, dein Schicksal zu bezähmen,
Die Ungewißheit selbst war noch ein Gut für dich.
Doch, Idris ist ein Held – und sich zu Tode grämen,
Was auch die Ursach' sey, ist niemahls ritterlich!
Ich rede denn, und zwar erfordert dein Verlangen
Vom Ey die Sache anzugangen.

62.

Der weise *Astramond*, der auf des Atlas Höh'

Ein Zauberschloß bewohnt, war, eh' des Alters Schnee
Auf seiner Scheitel lag, einst jung, wie zu erachten,
Und ließ um seine Gunst kein hübsches Mädchen schmach-
ten.
Nur Eine, und zum Unglück eine Fee,
Sah man umsonst nach seinem Beyfall trachten.
Schön war sie nicht, noch jung, doch jugendlich genug,
Daß sie an Stirn und Brust die hellsten Farben trug.

63.

Allein, so rosenfarb die gute Frau sich kleid'te,
So dick sie sich mit Schminke überzog,
So künstlich ihr Gesicht bey Licht und in die Weite
Sich dreyßig Jahre jünger log,
So oft und ernstlich sie den Angriff auch erneute,
So wenig half es ihr! – Natürlich überwog
Der ewig frische Reitz der lieblichsten *Sylfide*,
Und diese wurde bald zur Mutter von *Zenide*.

64.

Die Alte wüthet wie ein Drache,
Kratzt sich die Schminke ab, und rauft ihr dünnes Haar;
Allein was bleibt bey so bewandter Sache,
(Da jene nun geliebt und im Besitze war)
Ihr übrig, als die Lust, die eitle Lust der Rache?
Sie schwor so schrecklich, daß sogar
Die Furien vor Angst in ihre Ketten bissen,
Er soll den Frevel ihr erschrecklich büßen müssen!

65.

Der Alten Macht war groß, doch größer nicht
Als *Astramonds*, der ihrer Wuth nur lachte:
Sie überlegte dieß bey kühlem Blut, und dachte,
Der Zorn sey lächerlich, der mit dem Winde ficht.

Die Schlaue zeigte nun ein ruhiger Gesicht,
Und that so viel, bis sie ihn sicher machte.
Man glaubte, daß die Zeit ihr Blut besänftigt hätte;
Und die *Sylfide* kam nunmehr ins Wochenbette.

66.

Nichts schöners als das Kind von welchem sie genas
Ward, seit es Mütter giebt, geboren.
Der Weise, der sich selbst vor Freude kaum besaß,
Stellt seiner Tochter gleich das *Horoskop*, und las
Sie sey zur *Königin im Feenland* erkohren.
Der *Trude*, welche ihr den Untergang geschworen,
War nicht im Horoskop gedacht;
Allein sie blieb nicht aus, und gab auf alles Acht.

67.

Als *Astramond* Zeniden zu begaben
Nun fertig war, brach sie mit Wuth hervor und schrie:
Ja, ja, dieß alles soll sie haben,
Und mehr noch, wenn du willst: doch, *lieben soll sie nie!*
Schön sey sie, lauter Reitz, reich an Minervens Gaben,
Und wer sie anschaut, liebe sie,
Und wer sie anschaut, soll mit Seufzern sie betäuben,
Und sie allein soll unempfindlich bleiben!

68.

Ein jeder sehne sich nach dem fatalen Glück
Zu ihren Füßen sich zum Schatten abzugrämen;
Ihr Anblick soll, gefährlich wie der Blick
Des Basilisk, den Witz des klügsten lähmen,
Dem die Vernunft, und dem das Leben nehmen!
Und immer bleib' ihr Herz hart wie ein Felsenstück;
Und der, den sie allein von andern unterscheidet,
Sey, der am heftigsten durch ihren Kaltsinn leidet!

69.

So sprach sie, sprang auf ihren Drachenwagen,
Und fuhr im Blitz davon, nach böser Feen Art.
Nun, *Idris*, kannst du selbst am allerbesten sagen,
Ob an *Zeniden* sich der Alten Fluch erwahrt.
Du liebest sie, und hast vermuthlich nichts gespart
Der Treue Sold bey ihr davon zu tragen.
Die Freundschaft schmeichelt nicht – allein,
Wenn Du sie nicht gerührt, so muß sie fühllos seyn.

70.

Ein stiller Seufzer hob, indem ihr dieß entfiel,
Das Luftgeweb, der Liebesgötter Spiel,
Das ihren schönen Busen küßte.
Ein *Itifall*, und wer zu leben wüßte,
Bedächte sich nicht lang' was er erwiedern müßte:
Doch *Idris* merkte nichts. Von seiner Wünsche Ziel
Dem er sich kaum so nah gesehen,
So weit entfernt als je, verwünscht' er alle Feen.

71.

Indessen wird durch das, was ihm *Amön'* erzählt,
Doch sein Orakel nicht vernichtet.
Mir scheint (erwiedert er) Amöne nicht berichtet,
(Sonst hätte sie es mir vermuthlich nicht verhehlt)
Daß ein Orakel mich zu Hoffnungen verpflichtet.
Wofern mein Kuß das Marmorbild beseelt
Das sich im Dom des Labyrinths befindet,
So bricht die Zauberey, die jetzt Zeniden bindet.

72.

Und diese Statue, das Ende meiner Pein,
Und meiner Reisen Ziel, sie hab' ich nicht allein
Nach langem Suchen ausgefunden;
Sie wurde – Nein! es kann nicht Blendwerk seyn,
Was ich gesehen und empfunden:
Warm wurde sie von diesem Arm umwunden!
Ich sah *Gefühl* in ihren Augen glühn,
Und Amors Farbe hoch auf ihren Wangen blühn.

73.

Hier war es glücklich für *Amönen*,
Daß *Idris* zu entzückt, sie zu betrachten, war;
Das Kolorit der guten Schönen
War wirklich sehenswerth, es brannte nur nicht gar.
Allein sie faßt sich schnell, und ein verstelltes Gähnen
Entzieht sie, hinter'm Schirm des Fächers, der Gefahr
Ihm mehr als rathsam ist von ihren eignen Thaten
Durch diese plötzliche Verwirrung zu verrrathen.

74.

Ist's möglich? kann das Herz so sehr uns hintergehen?
Ist's möglich, ruft sie, nicht zu sehen –
Daß dein Orakelspruch und dein beseeltes Bild
Und deine Fantasie dir eine Nase drehen?
Wenn eine Klausel nur in *so fern* etwas gilt
Als ihr Beding sich durch ein Wunderwerk erfüllt,
Ist's nicht so viel als ob sie gar nicht wäre?
Doch, Sie verzeihen mir daß ich – Sie Logik lehre!

75.

Die Logik, (ruft er aus) Madam, die Logik soll
Mir mein Gefühl nicht streitig machen!
Mirakel oder nicht, das sind nicht *meine* Sachen!
Genug, ich fühlt' – und war nicht süßen Weines voll –
Wie unter meinem Kuß ihr Busen seufzend schwoll.
»Wir glauben auch im Traum, erwiedert sie, zu wachen,
Und selbst indem man wirklich fühlt,
Wird unvermerkt uns oft ein Streich gespielt.

76.

»Ich könnte dir davon ein kleines Beyspiel geben
Das meine Zweifel dir vielleicht

Begreiflich machte – Doch, mir däucht,
Du wirst mich gern des Dienstes überheben:
Wir lieben allzu sehr, in einem Wahn zu schweben,
Der uns gefällt und unsern Wünschen gleicht!«
Hier schwieg sie, ohne sich darüber zu erklären,
Und ließ in seinem Kopf die neuen Zweifel gähren.

77.

Er fleht umsonst. *Amöne* bleibt dabey,
Der näheren Erklärung auszuweichen.
Er zehrt sich ab mit Gram; sie billigt seine Treu',
Theilt seinen Schmerz mit ihm, und giebt ihm tausend
Zeichen
Wie sehr sie seine Freundin sey,
Und so gelingt es ihr, sein Herz zu überschleichen.
Er denkt an keine List, indem der Zärtlichkeit
Die *Freundschaft* ihren Schleier leiht.

78.

Oft schwatzen sie im stillen Hain zusammen,
Und von *Zeniden* stets, und von der Triebe Macht
Die aus der Sympathie verwandter Seelen stammen.
Allmählich schmilzt in wollustvollen Flammen
Das weiche Herz dahin; kein warnender Verdacht
Stört seine Sicherheit; der Lauben grüne Nacht
Entwickelt zärtliche unnennbare Gefühle,
Und der Instinkt spielt auch ganz heimlich seine Spiele.

79.

Ein zweifelhaftes Licht verdüstert
Unmerklich die Vernunft; sie schlummert, sanft gewiegt,
Auf Rosen ein – und Amor ist vergnügt!
Wer sieht die Natter nun, die in den Blumen liegt?
Wer merkt, *Er* sey's, der in die Seelen flüstert?

Sie sehn sich staunend an und fühlen sich verschwistert;
Man nimmt indeß, ganz in Gefühl entzückt,
Nicht wahr, wie zärtlich man die Hand einander drückt.

80.

Wohlan, Madam, wofern es je geschah,
Daß Ihre Tugend sich in einem stillen Haine,
Von Rosen überwölbt – zur Abendzeit – alleine –
Mit einem Freund befangen sah –
Vielleicht beym zärtlichen verführerischen Scheine
Des Silbermonds – nicht wahr, es pochte da
Ich weiß nicht was, wozu der Dialekt der Musen
Noch keinen Nahmen hat, in Ihrem sanften Busen?

81.

Sie fühlten Sich – und wußten selbst nicht wie –
So zärtlich! so gerührt! – tiefsinnig, möcht' ich sagen,
Wollüstiglich verirrt in Ihrer Fantasie,
Und doch – wenn's Ihnen einfiel, Sich zu fragen:
Was denk' ich wohl? – in Ihrem Leben nie
Zur Antwort weniger geschickt; geneigt zu klagen,
Und doch vergnügt; die Augen thränenvoll,
Und traurig, selbst durch das, was Sie erfreuen soll.

82.

In diesen nehmlichen seltsamen Augenblicken,
In diesem Mittelstand von Wehmut und Entzücken,
Bey diesem schwärmerischen Schwung
Der Fantasie, in dieser Dämmerung,
Die in der Seele herrscht, verliert ein Herz, das jung
Und fühlend ist, in Amors seidnen Stricken
Sich gar zu leicht. Es wäre falsche Scham,
Wenn wir es länger läugneten, Madam.

83.

Gesteh'n Sie, (unter uns) ein jugendlicher Freund
Voll Zärtlichkeit, und der nichts Böses meint,
(Wie *Idris* damahls war) wird, ohne unser Wollen,
Gefährlicher als ein erklärter Feind.
Man flieht vor einem Faun; doch, jenen Unschuldsvollen,
Wie fiel' es Ihnen ein, daß Sie *den* fliehen sollen?
Indeß geschieht doch oft, daß es, bey warmem Blut,
Was Faunen faunisch thun – nach *Platons* Weise thut.

84.

Was aus *Amönens Freund* zuletzt geworden wäre,
Nimmt jede Kennerin leicht aus dem Anfang ab.
Wahr ist's, sie war kein Mädchen aus Cythere,
Hingegen war auch *Idris* kein *Kombab*.
Zum Glück für seine Treu' begab
Die Dam', aus zärtlichen Begriffen von der Ehre,
Sich ihres Vortheils selbst: sie dachte viel zu fein
Den *Feen Crebillons* an Künsten gleich zu seyn.

85.

Dadurch gewann er Zeit, und fragte sich so lange
Warum? und wie? und wo er dieß und das empfand?
Und kurz, er grübelte so tief, bis er die Schlange
In seinem Busen schlummernd fand.
Bestürzt sieht er von diesem süßen Hange,
Der ihm so schuldlos schien, sich an den jähen Rand
Der Untreu' unvermerkt gezogen.
So hatte ihn sein Herz noch nie betrogen!

86.

Mit Abscheu schaudert er zurück;
Es war ihm neu sich vor sich selbst zu schämen.

Er sucht die Einsamkeit, um über das Geschick,
Das ihn verfolgt, sich ungestört zu grämen.
Flieh, Unbesonnener, eh' dir Amönens Blick
Zu fliehen wehrt! Allein woher die Flügel nehmen?
Denn aus dem Feuerkreis, der ihn gefangen hält,
Geht weder Weg noch Steg in diese Unterwelt.

87.

Er weinte, wie man sagt daß ehmals *Alexander*
Den Mangel einer Brück' ins Himmelreich beweint:
Als unverhofft in *Flox*, dem schönsten *Salamander*,
(Der für Amönen brennt) ein Helfer ihm erscheint.
Zwar *Flox* war bis hierher des neuen Günstlings Feind;
Doch der gemeine Schmerz versöhnt sie mit einander,
Gleich ist ihr Schmerz, verschieden seine Quelle,
Denn jeder wünscht sich an des andern Stelle.

88.

Dem *Salamander* zwar däucht's bloße Heucheley,
Wenn *Idris* sich erklärt, ihm gern die Gunst zu gönnen
Die seinen Neid gereitzt. Wie sollt' er glauben können,
Daß sie zu sehn, und nicht wie ein *Vesuv* zu brennen,
Dem Sohn der Erde möglich sey?
Doch, *Idris* setzt ihn bald von allen Zweifeln frey,
Da er, so flehentlich als bät' er um sein Leben,
Ersucht, ihm einen Rath zur schnellsten Flucht zu geben.

89.

Zur Flucht? Von Herzen gern, und mehr als einen Rath,
Erwiedert *Flox*; ein Freund hilft mit der That.
Sprich nur, wohin? Auf meinen eignen Schwingen
Will ich – und wär' es auch ans äußerste Gestad
Des Äthers, wo die Welt ans Unding grenzt – dich bringen.
Nichts angenehmers kann in *Idris* Ohren klingen:

177

Er nimmt den *Genius* beym Wort,
Und schneller als der Blitz fleugt dieser mit ihm fort.

90.

In weniger als vier Sekunden
Ist *Idris* wieder da, woselbst er sich befunden,
Als ihn, in Flammen eingehüllt,
Amöne mit sich nahm. Allein, – so schlecht vergilt
Das Schicksal seine Treu'! – Weh ihm! *Zenidens* Bild
(Das erste, was er denkt und aufsucht) ist verschwunden.
Daß man von ihr ihn schon so lange trennt,
Ist nicht genug; sogar ihr *Bild* wird ihm mißgönnt!

91.

Um den erhabnen Dom, wo einst *Zenide* stand,
Zieht sich ein halber Mond von lieblichen Gebüschen;
Akazien und Myrtenbäume mischen
Hier Licht und Dunkelheit zu diesem Mittelstand,
Worin, bey schwüler Sonne Brand,
In sichern dicht verwebten Nischen
Die Nymfe gern dem schmeichelhaften West
Den heißen Leib entfesselt überläßt.

92.

Hier warf sich, übermannt von Gram,
Der Ritter hin ins Gras. Die Ungeduld benahm
Ihm allen Muth sein Glück noch länger zu versuchen,
Und er begann die Stunde zu verfluchen,
In der er auf den Einfall kam,
Von einem Traum das Urbild aufzusuchen.
Er zweifelt nun nicht mehr, daß er, durch Zauberey
Geäfft, der Gegenstand von Amors Kurzweil sey.

93.

Im stärksten Anfall seiner Schmerzen
Wird selbst *Zenide* nicht verschont.
Wie? die ich so geliebt, die ich in meinem Herzen
Als meine Königin und Göttin eingethront,
Sie hat die Grausamkeit mit meiner Qual zu scherzen?
So täuscht sie mich? So wird die reinste Gluth belohnt?
Dieß ist die Frucht von ihrer falschen Güte?
Und ich verzehr' um sie der Jugend beste Blüthe?

94.

In ihres Angesichts bezaubertes Oval
Als wie in einem Kreis gebannet,
Zu jedem rühmlichen Bestreben abgespannet
Und nervenlos, verseufzt in lächerlicher Qual
Mein Geist sich selbst, von Amorn nun entmannet!
Wo ist mein Ritterschmuck, der goldbeschuppte Stahl?
Wem dürft' ich, wie ich bin, die feige Stirne bieten?
Mein bloßer Aufzug zeigt schon einen *Sybariten*!

95.

Nein, Amor! länger will ich nicht
Dein niederträchtigs Joch ertragen,
Und um ein reitzendes Gesicht
Der Tugend meinen Muth, und diesen Arm versagen!
Der Unschuld Rächer seyn, sich mit Tyrannen schlagen,
Und steuern aller Fehd', ist wahrer Ritter Pflicht.
Beseele, wer da will, undankbare *Zenide*,
Dein Bild, und dich! Ich bin des Abenteuers müde.

96.

Er sagt's und rafft sich auf, entschlossen als ein Held
Den Dienst Zeniden aufzukünden:

Als aus des Hains Mäandrischen Gewinden
Ihm etwas in die Augen fällt,
Das seinem Heldenthum und allen Weisheitsgründen
Der *Stoa* selbst die Wage hält,
Und was er kaum verachtenswerth geschätzet,
In ein bezaubert Licht auf einmahl wieder setzet.

97.

Er sieht – die Statue, auf sammetweiches Moos
Im Schatten hingegossen, liegen:
So läßt sich *Pafia* mit *Amorn* auf dem Schooß
Im Hain zu Amathunt von süßen Träumen wiegen.
Sie ist's, von Kopf zu Fuß, mit allen ihren Zügen,
Ihr Schleier um sie her, nur Arm und Busen bloß.
Entzückt erkennt er sie: doch kann er gar nicht fassen,
Wie es geschah daß sie den Dom verlassen.

98.

Er denkt: »Sie ist belebt – das lehrt der Augenschein,
Amöne sage mir so viel sie will dagegen!
Wo können Bilder sich von ihrem Ort bewegen?«
Vollkommen überzeugt zu seyn,
Nimmt er die Freyheit, ihr die Hand aufs Herz zu legen,
Und unelastisch ist der schöne Busen – Stein.
Er stutzt, er wiederholt die Proben, und befindet
Amönens Logik – ach! nur allzu sehr gegründet.

99.

Der Erdkreis wäre bald an Narr'n und Helden leer,
Wenn wir zur Führerin die Logik nehmen müßten.
Allein, wohl recht nennt *Platon*, oder wer?
Den Liebesgott den größten der Sofisten!
Erfahrung und Vernunft bestreite noch so sehr
Was wir recht brünstiglich gelüsten;
Erfahrung und Vernunft wird nur nicht angehört;
Wir nennen falsch, was uns in süßem Irrthum stört.

100.

So ging's dem Jüngling hier: er kann und will nicht glau-
ben

Wovon ihn sein Gefühl so lebhaft überführt;
Er ließe sich den Wahn von keinem Gotte rauben,
Mit dem sein Herz so viel verliert;
Und weil sich etwas mehr, als sich bey *ihr* gebührt,
Bey ihrem *Bilde* zu erlauben
Ihm billig däucht, gehorcht er ohne Zwang
(Er ist ja ganz allein) des Herzens süßem Drang.

101.

Es wär' an halb so vielen Küssen,
Als er, um seine Seel' in sie hinein zu gießen,
Auf ihren Mund und starren Busen drückt,
Die derbste aller *Sacharissen*,
So gut sie auch bey Athem wär', erstickt.
Doch *Idris* drückt so lang' bis ihm das Mittel glückt:
Er schließet sie so fest in seine Arme,
Daß ihn bedünkt, ihr kaltes Herz erwarme.

102.

Daß Fantasie, von Schwärmerey erhitzt,
Die *Sinne* selbst verfälscht, ist längst bemerket worden.
Man weiß, daß sonderlich der priesterliche Orden
Geheimnisse von dieser Art besitzt.
Der Aberglaube sieht (und läßt sich drauf ermorden
Er hab's *gesehn*) ein Bild das Blut geschwitzt.
Was kann nicht *die Marien von Agreden*[21]

---

[21] Diese durch die seltsamsten Visionen bekannte Spanische Nonne steht hier für
eine jede andere ihres gleichen. Sie lebte in der ersten Hälfte des vorigen
Jahrhunderts, und ist die Verfasserin eines Lebens der Heiligen Jungfrau,
welches ihr (ihrem Vorgeben nach) diese selbst, mittelst einer langen Reihe von
Erscheinungen und Offenbarungen, in die Feder diktierte. P. Crozet, ein Mönch
ihres Ordens, übersetzte es ins Französische unter dem Titel: La mystique Cité
de Dieu. Miracle de sa Toute-Puissance ab me de la Grace de Dieu. Histoire
divine de la Vie de la tres-sainte Vierge Marie Mere de Dieu manifestée dans ces
derniers Siecles par la Sainte Vierge à la Soeur Marie de Jesus Abbesse du
Couvent de l'immaculée Conception de la Ville d'Agrede, und kam zu Brüssel

Religion, vermischt mit Liebeswuth, bereden?

103.

Allein was *Idris* fühlt ist weder Wahn noch Traum:
Er glaubt den Wolken zu entfallen,
Da unter seinem Kuß, was kaum
Noch Marmor schien, so weich wie Schwanenflaum,
Dem Druck itzt nachgiebt, itzt mit vollem Überwallen
Entgegen drückt, der blasse Mund Korallen
An Röthe gleicht, und (was von einem Bild
Sehr zärtlich war) ihm Kuß mit Kuß vergilt.

104.

Wir kennen *Skeptiker*, vor denen
Kein Wunder Gnade find't, das nicht *begreiflich* ist;
Und diese Herren werden wähnen,
Es stecke ganz gewiß hierunter eine List.
Ihr Argwohn fällt vermuthlich auf *Amönen*.
Doch, daß die Statue, so bald sie athmet, küßt,
Däucht uns, aus dem was wir vorhin gelesen,
Beweis genug, *sie* sey es nicht gewesen.

105.

---

im Jahre 1717 in drey Quart- und acht Oktav-Bänden heraus. Zu einer kleinen Probe von der Stärke der Einbildungskraft dieser Spanischen Dame wird folgendes hinlänglich seyn. So bald Maria geboren war, befahl der Allmächtige den Engeln, dieses holdselige Kind ins Empyreum zu tragen, um es den Bewohnern desselben als die Königin des Himmels vorzustellen. Es wurden ihr neun hundert Engel (hundert von jeder der neun Ordnungen oder Köre) zur Bedienung angewiesen; zwölf andere wurden dazu bestellt, ihr in sichtbarer Gestalt aufzuwarten; noch achtzehn vom ersten Rang (die nehmlichen, welche Jakob auf der Himmelsleiter auf und nieder steigen sah) richteten die wechselseitigen Bestellungen zwischen der Königin und dem Könige des Himmels aus, und der Erzengel Michael wurde zum Oberbefehlshaber dieses ganzen himmlischen Hof-Etats gesetzt, u. s. w.

Amöne war es nicht, und konnt' es auch nicht seyn.
Man kann den edlen Stolz nur stufenweis verlieren,
Der *rühmlich* siegen will, nicht buhlerisch *verführen*.
Doch, fällt euch nicht die schöne *Nymfe* ein,
Die jüngst, gejagt von häßlichsten Satyren,
Ihm in die Arme lief? Die dachte nicht so fein!
Der Einfall schon, dem Ritter nachzureisen,
Scheint gegen sie ein wenig zu beweisen.

106.

Ihr wißt, wie *Idris* einst, nicht ohne Müh, sich frey
Aus ihren schönen Armen machte;
Und, da sie bald durch Kunst der Feerey
Entdeckte, daß die *Sie*, um die *er* sie verachte,
Nicht eine Göttin, wie sie dachte,
Nur eine Statue, und *Er* verurtheilt sey
Die Seele, die ihr fehlt, ihr selbst erst mitzutheilen,
Beschloß sie ungesäumt dem Flüchtling nachzueilen.

107.

Sie wußte, daß ein Dom von schwarzem Marmorstein
Die Nebenbuhlerin verwahre,
Und daß der Dom in einem Zauberhain
Auf einer Insel steh' wohin kein Schiffer fahre.
Die Hoffnung, sie so bald zu finden, war sehr klein;
Denn wo? das setzten ihr die Bücher nicht ins klare.
Allein Verliebte täuscht gar selten ihr Instinkt;
Man find't im Dunkeln selbst den Ort, wo Amor winkt.

108.

Sie fand ihn – und noch mehr; denn in den krummen Büschen
Des Labyrinthes lag, in jungem Most bezecht,

Ein alter Satyr, alt, doch nicht an Muth geschwächt
Die Nymfen, die ihn fliehn, im Laufe zu erwischen.
Die unsre kommt ihm eben recht
Sich auf den Trunk ein wenig zu erfrischen.
Er setzt ihr nach, sie läuft, er macht ihr warm,
Und jagt sie, wie ihr wißt, zuletzt in *Idris* Arm.

109.

Kaum hatte Der sich von ihr losgewunden,
So ging die Jagd von neuem an,
Bis ihr der Satyr, überwunden
Und athemlos, nicht weiter folgen kann.
Indessen war sie ihm für seine Müh verbunden,
Weil sie allein dabey gewann.
Was sie gewann war werth sich zu ermüden;
Sie fand den Aufenthalt der marmornen *Zeniden*.

110.

Sie säumt sich nicht, von dem fatalen Stein
Eh' *Idris* kommt Besitz zu nehmen.
Warum, erräth sich leicht. Sie schmieget sich hinein,
Und denkt gar nicht daran, so delikat zu seyn,
Der Hinterlist, womit sie umgeht, sich zu schämen.
Sie braucht nicht für sich selbst die Sache zu verbrämen;
Wird *Idris* nur in ihren Arm gebracht,
Das Mittel ist was ihr den kleinsten Skrupel macht.

111.

Sie spielt vollkommen nun den Meister
In ihrem neuen Leib, (ein Vorrecht ächter Geister!)
Wacht oder schläft, ist wirksam oder still
Im Kopf, im Fuß, im Herzen, wo sie will.
»Ob das begreiflich ist?« – Vermuthlich keinem *Heister*:
Doch stehen *Paracels* und *Iben Thofail*

Dem Dichter bey. Die Zunft der scharfen Geisterseher,
Treibt, wie bekannt die Sachen oft noch höher.

112.

Genug, die Nixe lauscht in ihrem neuen Leib,
Entschlossen, wenn er kommt, das Abenteu'r zu wagen,
Und Anfangs, wie es einem Weib
Von Marmor ziemt, sich zu betragen.
Allein zu größtem Mißbehagen
Der armen Nymfe, die sehr wenig Zeitvertreib
In ihrer Stellung fand, ließ sich kein Idris sehen,
Und ihr verging die Lust, so müßig da zu stehen.

113.

Drey lange Tage sind vorbey,
Noch will der Flüchtling sich nicht zeigen.
Aus Langweil macht sie sich zuletzt vom Zwange frey,
Erlaubt sich selbst herab vom Fußgestell zu steigen,
Und sucht im Hain umher, wo er geblieben sey.
Nur, wenn der Tag beginnet sich zu neigen,
Kehrt sie zurück und nimmt, nicht ohne Überdruß,
Die Stelle wieder ein, die sie behaupten muß.

114.

An welchem Ort und wie Herr *Idris* sie gefunden,
Ist schon gesagt. Sie hielt sich Anfangs gut:
Kein Stein ist steinerner; was auch der Ritter thut,
Der sie beseelen will, gefroren bleibt ihr Blut.
Doch endlich giebt sie sich, wie billig, überwunden.
Sie fühlet nun in wenigen Sekunden
Bereits so gut, und ist so sehr beseelt,
Daß sie vielleicht im Übermaße fehlt.

115.

Wenn das ein Fehler heißt, so müssen wir gestehen
Daß es ein schöner Fehler ist.
Herr *Idris*, fest beglaubt *Zeniden* selbst zu sehen,
Die in Empfindungen an seiner Brust zerfließt,
Find't nichts zu viel. Sie kann, wie feurig sie auch küßt,
Doch nie zu weit in einer Tugend gehen,
Der (wie ihm däucht, so lang' der Taumel währt)
Vor allen übrigen der erste Platz gebührt.

116.

Was er in diesen Augenblicken
Bey diesem Kuß, bey diesem süßen Drücken
An ihre Brust, was er empfinden muß,
Begreift nur wer geliebt. Der völligste Genuß
Der Liebesgöttin selbst könnt' ihn nicht so beglücken
Als nach so langer Qual *Zenidens* erster Kuß.
Zenide – ruft er aus, und sinkt zu ihren Füßen,
Weil Mund und Augen sich entseelt vor Wollust schließen.

117.

»*Zenide* – stammelt er, aus dieser süßen Nacht,
Worin sich stufenweis die Seele sanft verlieret,
Durch ihren Kuß zurück gebracht;
Ist's möglich? bin ich's selbst? bist du es? Welche Macht
Hat dieses Wunderwerk so unverhofft vollführet?
Zenide, neu beseelt, von Sympathie gerühret,
Drückt zärtlich sich an ihres *Idris* Brust –
Und ich zerfließe nicht, ich sterbe nicht vor Lust?

118.

»O Sieh mich an, noch einmahl – Würd' ich nicht
Mit meinem Blut solche einen Blick bezahlen?

Noch einmahl, noch zu tausend Mahlen –
Entzieh mir niemahls mehr dieß himmlische Gesicht!« –
Doch, Muse, was Verliebte dahlen
Rührt niemand als sie selbst. Daß Idris Unsinn spricht,
An einem Platze, wo wir selbst wohl gerne wären,
Ist seine Schuldigkeit, nur wollen wir's nicht – hören.

119.

Den weisen Leuten, welche nie
Wie unserm Helden war erfuhren,
Nicht den *Katonen* nur, sogar den *Epikuren*
Von kaltem Blut und träger Fantasie,
Klingt nichts so schal, als die Figuren
Verliebter Schwärmerey. Gut, ich verschone sie:
Der Pinsel fällt mir willig aus den Händen;
Wer Lust hat mag das Bild und – dieses Werk vollenden!

Über tredition

Eigenes Buch veröffentlichen

tredition wurde 2006 in Hamburg gegründet und hat seither mehrere tausend Buchtitel veröffentlicht. Autoren veröffentlichen in wenigen leichten Schritten gedruckte Bücher, e-Books und audioBooks. tredition hat das Ziel, die beste und fairste Veröffentlichungsmöglichkeit für Autoren zu bieten.

tredition wurde mit der Erkenntnis gegründet, dass nur etwa jedes 200. bei Verlagen eingereichte Manuskript veröffentlicht wird. Dabei hat jedes Buch seinen Markt, also seine Leser. tredition sorgt dafür, dass für jedes Buch die Leserschaft auch erreicht wird.

Im einzigartigen Literatur-Netzwerk von tredition bieten zahlreiche Literatur-Partner (das sind Lektoren, Übersetzer, Hörbuchsprecher und Illustratoren) ihre Dienstleistung an, um Manuskripte zu verbessern oder die Vielfalt zu erhöhen. Autoren vereinbaren direkt mit den Literatur-Partnern die Konditionen ihrer Zusammenarbeit und partizipieren gemeinsam am Erfolg des Buches.

Das gesamte Verlagsprogramm von tredition ist bei allen stationären Buchhandlungen und Online-Buchhändlern wie z. B. Amazon erhältlich. e-Books stehen bei den führenden Online-Portalen (z. B. iBookstore von Apple oder Kindle von Amazon) zum Verkauf.

Einfach leicht ein Buch veröffentlichen: **www.tredition.de**

Eigene Buchreihe oder eigenen Verlag gründen

Seit 2009 bietet tredition sein Verlagskonzept auch als sogenanntes "White-Label" an. Das bedeutet, dass andere Unternehmen, Institutionen und Personen risikofrei und unkompliziert selbst zum Herausgeber von Büchern und Buchreihen unter eigener Marke werden können. tredition übernimmt dabei das komplette Herstellungs- und Distributionsrisiko.

Zahlreiche Zeitschriften-, Zeitungs- und Buchverlage, Universitäten, Forschungseinrichtungen u.v.m. nutzen diese Dienstleistung von tredition, um unter eigener Marke ohne Risiko Bücher zu verlegen.

Alle Informationen im Internet: **www.tredition.de/fuer-verlage**

tredition wurde mit mehreren Innovationspreisen ausgezeichnet, u. a. mit dem Webfuture Award und dem Innovationspreis der Buch Digitale.

tredition ist Mitglied im Börsenverein des Deutschen Buchhandels.

Dieses Werk elektronisch lesen

Dieses Werk ist Teil der Gutenberg-DE Edition DVD. Diese enthält das komplette Archiv des Projekt Gutenberg-DE. Die DVD ist im Internet erhältlich auf **http://gutenbergshop.abc.de**